Sumario

INTRODUCCIÓN	7
I. HISTORIA DE LA CONCEPCIÓN DE LA VIDA COMO DERECHO	10
1. Filosofía clásica	10
1.1. La existencia del ser animado como presupuesto para la vida	10
2. La vida en el Derecho Romano	14
2.1. Introducción al Derecho Romano	14
2.2. La vida en la filosofía romana	16
2.3. El nasciturus	19
2.4. Lex Cesarea	21
2.5. Ius vitae necisque	23
2.6. Homicidio	25
3. La vida en el tomismo como máximo representante de la escolástica	27
3.1. La justicia en el tomismo	27
3.2. El hombre y su principio de vida	29
3.3. El homicidio	30
3.4 El suicidio	33
4. El racionalismo y la vida como derecho	36
4.1. El derecho subjetivo del hombre	37
4.2. El pensamiento de Hugo Grocio en relación con la vida	39
4.3. El pensamiento de Thomas Hobbes en relación con la vida	41
5. El empirismo inglés	43
5.1. John Locke. Pensamiento y el valor de la vida del hombre	44
5.2. David Hume. Pensamiento y ética empirista	47
6. El idealismo kantiano	49
6.1. La filosofía kantiana	49
6.2. El valor de la vida en Kant	52
6.3. El Derecho en relación con la vida	56
7. El marxismo y el valor de la vida	57
7.1. El hombre en el marxismo	57
7.2. Teoría marxista del Derecho	58
7.3. El valor de la vida en el marxismo	60

8. Filosofía contemporánea 62
    8.1. Corrientes filosóficas a caballo entre los siglos XX y XXI 62
    8.2. Constructivismo social, bases y fundamentos 63
    8.4. Peter Singer 66

II. EL VALOR DE LA VIDA EN EL PENSAMIENTO JURÍDICO CONTEMPORÁNEO **71**

1. El valor jurídico de la vida humana en el iuspositivismo 71
    1.1. El iuspositivismo 71
    1.2. Los Derechos Humanos en el iuspositivismo 74
    1.3. La vida en el iuspositivismo 78
2. El valor jurídico de la vida humana en el iusnaturalismo 80
    2.1. El iusnaturalismo 80
    2.3. La vida según el iusnaturalismo 85

III. LA VIDA HUMANA COMO HECHO JURÍDICO **88**

1. Concepto de ser vivo 88
    1.1. El ser vivo 88
    1.2. Los tipos de vida según la antropología tomista 92
    1.3. El alma racional 94
    1.4. El ser vivo racional, imagen de Dios 95
2. El inicio de la vida 98
    2.1. El inicio según la biología 98
    2.2. La fecundación y la vida fetal 100
    2.3. Síntesis de las bases sobre el inicio de la vida humana 101
    2.4. La modificación del lenguaje 103
    2.5. El valor del inicio de la vida 105
3. El hombre como ser personal 107
    3.1. La persona 107
    3.2. La persona para el Derecho 109
    3.3. Ser persona vs tener personalidad 111
    3.4. La persona como fin 112
    3.5. La vida como causa de personalidad 114
4. El fin de la vida: la muerte. 116
    4.1. La muerte como concepto 116
    4.2. Las repercusiones del hecho 118

IV. LA SUPERPOSICIÓN JURÍDICA 120
1. Base introductoria 120
2. Física cuántica y la vida en superposición 122
3. Superposición jurídica: la vida como Derecho objetivo 125
4. Superposición jurídica: la vida como Derecho subjetivo 129
5. Superposición jurídica: la vida como hecho jurídico.........................133
6. La vida como lo justo 135
7. Implicaciones de la superposición jurídica 137
8. La Pirámide de superposición jurídica 138
9. Vida en abstracto vs vida individual 140
10. Consecuencias de la Pirámide de superposición 142

V. CONCLUSIÓN 144

BIBLIOGRAFÍA 150

Introducción

La vida es un concepto que tiene una relevancia notoria en el Derecho, sin embargo, los autores doctrinales y filósofos no siempre la han tratado en profundidad. Entre otras razones, podemos encontrar la presunción de que lo evidente no debía ser probado y, así, a lo largo de la evolución iusfilosófica, el autor medio se ha cuestionado ciertos interrogantes que presentaban más posibilidad de discusión (tales como la guerra, qué es la justicia o la ley, etc.) antes que acudir a una incógnita tal como el valor de la vida en el Derecho.

No obstante, actualmente nos encontramos inmersos en una sociedad que no puede dar nada por sentado, en la que movimientos y corrientes de pensamiento otorgan un valor subjetivo a la vida o, incluso, niegan el mismo, convirtiéndola en un mero hecho sin más trascendencia de la que individualmente se le pretenda dar. A ello se suma la fuerza doctrinal que ha logrado el iuspositivismo, separando cualquier atisbo ético-moral del ordenamiento jurídico, incluso convirtiéndolo en un mero instrumento al servicio del individuo o de la sociedad en su conjunto. Un ordenamiento que, por otra parte, tiene una gran incidencia en las actividades del hombre y que, sin él, tal y como argumentan los autores contractualistas, el hombre podría dirigirse hacia un estado de guerra. Es más, según Villey, el Derecho también juega un papel de moralización de la conducta, por lo que, la vida, como un elemento sustancial del ordenamiento, no puede ser objeto de presunciones ni análisis superficiales sino que necesita una profunda reflexión.

Por ello, nos cuestionamos qué valor tiene la vida humana en el Derecho, no sólo como conjunto de normas positivas, sino también desde una perspectiva más amplia, es decir, desde los diferentes aspectos que plantea la Teoría General de Derecho, tales como el Derecho objetivo, los derechos subjetivos y los hechos jurídicos.

A pesar de la evolución lineal del pensamiento, esto es, con la posibilidad de entender los cambios en el mismo a través del análisis de los filósofos de cada etapa, la concepción de la vida dentro del ordenamiento e, incluso, el valor moral de la misma, no se ha planteado en profundidad hasta las últimas décadas. Al contrario que con otros términos, tales como la amistad (a la que Aristóteles y Cicerón dedican obras), el valor de la vida humana no ha sido cuestionado ni argumentado hasta la aparición de grupos de opinión favorables a una minusvaloración de su importancia para permitir la eliminación de la misma.

Por ello, el análisis al que se procederá tendrá como objeto el estudio de los elementos que permitan observar la concepción de la vida en el pensamiento de los filósofos más relevantes para la actualidad ya que, dada la naturaleza del trabajo, no es posible abarcar todo el pensamiento filosófico sobre la vida. Este recorrido panorámico a través de los diferentes autores nos permitirá observar un cierto cambio de tendencia, de Derecho objetivo a subjetivo según como definan el Derecho los distintos pensadores.

Una vez se haya procedido a exponer la postura de los filósofos estudiados y la posición de la doctrina jurídica al respecto, nos deberemos plantear la vida en sus diferentes formas y qué posición puede ocupar dentro del Derecho. Finalmente, si ocupa un lugar preponderante en el ordenamiento, observaremos los ataques que puede recibir y, en su caso, los argumentos sobre los que se asientan y los que existen a favor de una protección integral de la vida humana.

Asumimos que resulta una tarea ardua pero con una clara finalidad: disponer la vida en el lugar en que le pueda corresponder como elemento vertebrador del ordenamiento. Sin ella no podemos existir, sin embargo, mediante ella lo podemos todo. Sin embargo, las anteriores afirmaciones, al no ser de ninguna manera baladíes, no pueden quedar sin respuesta, sino al contrario, deben ser fundamentadas en base a argumentos racionales que dispongan, con la debida corrección y respeto, la verdad sobre esta cuestión.

I. Historia de la concepción de la vida como Derecho

1. Filosofía clásica

1.1. La existencia del ser animado como presupuesto para la vida

Uno de los autores que resume de forma clara el concepto y razona sobre la evidencia de la existencia del alma es Aristóteles. El Filósofo llega a dedicar un libro por completo a dilucidar este asunto pues, la teoría hilemórfica, ya planteada en la Metafísica, es sin duda, uno de los mayores logros de la filosofía clásica.

Si acudimos a la Metafísica de Aristóteles, en su Capítulo XI, conectará el concepto, la definición de la palabra "hombre" con la de alma, pues entiende que una substancia sólo se puede concretar mediante una razón interna, la forma, que, en el caso del hombre, será el alma.

> "(...)la definición de hombre es la definición de alma; la entidad es, en efecto, la forma específica inmanente de cuya unión con la materia resulta lo que denominamos entidad compuesta(...)" (1037 a28-30).

Para comprender qué es el alma, primero es necesario resumir brevemente la teoría hilemórfica, que mantiene Aristóteles y es seguida a lo largo del tiempo, asumida por la escolástica y continuada hasta hoy por las corrientes tomistas, entre otras.

Básicamente, dicha teoría se basa en la existencia de dos principios esenciales, la materia y la forma. La substancia es el resultado de la materia a la que la forma da sentido. Constituirán, por lo tanto, una unidad inseparable que dará no sólo el cuerpo sino también la razón y finalidad de una cosa. Por ejemplo, una planta será una panta en tanto que tiene materia de planta (células vegetales) pero también por su forma, que se halla intrínseca en ella y la fundamenta. Para clarificar más aún la imperiosa necesidad de la forma, podemos dar un ejemplo en base a un supuesto abstracto. Supongamos que es posible poner la misma cantidad de materia que tiene un hombre pero extrayendo su forma, sin forma, esa materia no estaría ordenada a ser un humano y, por lo tanto, lo máximo que obtendríamos es un conjunto de materia que tendría las mismas cualidades físicas que un hombre pero sin ser uno, es lo que sucede al morir, el cuerpo permanece igual (por unos instantes) pero ya no es un hombre, pues su forma ha mutado, pasando a ser cadáver. Ahora, imaginemos que no es cadáver, sino que carece de forma, no sería nada determinado. Por ello, la forma es vital para la existencia del hombre, y esa forma es el alma.

Otra cuestión crucial es si el alma es necesaria para la vida, o más bien, si existe vida sin alma. En *De Anima*[1], él dice:

> "entre los cuerpos naturales los hay que tienen vida y los hay que no la tienen (y solemos llamar vida a la autoalimentación, al crecimiento y al

---

[1] ARISTÓTELES, *De Anima, Libro II, Cap. I*, 10-15

> envejecimiento). De donde resulta que todo cuerpo natural que participa de la vida es entidad, pero entidad en el sentido de entidad compuesta. Y puesto que se trata de un cuerpo de tal tipo —a saber, que tiene vida— no es posible que el cuerpo sea el alma."

Esta clarificación es muy importante porque determinará que un cuerpo, sin alma, ya no es el mismo cuerpo que antes y, por lo tanto, a efectos jurídicos, carecerá de la protección que el derecho le otorgaba hasta el momento. Un ejemplo práctico lo encontraríamos en el homicidio, la protección del Derecho se da frente al homicidio porque hay un hombre al cual se le arrebata la vida, en cambio, no existirá homicidio cuando se dispare a un cadáver, porque aunque la materia sea la misma, la forma habrá cambiado.

Un cuerpo humano, sin alma no es hombre, ergo no está vivo.

Ahora bien, pese a que Aristóteles diferencia lo animado de lo inanimado por vivir (Lib II, C. II, 20), también asume que no todo tipo de vida tiene el mismo valor, así pues, argumenta[2]

> "Que son distintas (las almas) desde el punto de vista de la definición es, no obstante, evidente: la esencia de la facultad de sentir difiere de la esencia de la facultad de opinar de igual manera que difiere el sentir y el opinar; y lo mismo cada una de las demás facultades mencionadas. Más aún, en ciertos animales se dan todas estas facultades mientras en

---

[2] ARISTÓTELES, *De Anima, Libro II, Cap. II*, 413b 25-48

otros se dan algunas y en algunos una sola. Esto es lo que marca la diferencia entre los animales(...)".

No podemos obviar pues la existencia de una diferencia entre el alma (entendida como vida) de las plantas, de los distintos animales y del hombre, que siendo animal, se encuentra en la plenitud de la capacidad del alma.

Ello se observa cuando, en el Libro III va más allá de los sentidos, pues entiende que "todos los sentidos posibles se dan en aquellos animales que no son ni incompletos ni imperfectos; hasta el topo —puede observarse— posee ojos bajo la piel."[3] Luego, debe existir algo que permita diferenciar la vida humana de la vida meramente sensible y ello es la capacidad de razonar. El alma humana es racional gracias a la imaginación ("opinar acerca del objeto sensible percibido no accidentalmente")[4] y el intelecto (entender más allá del aspecto sensible de las cosas).

Ambas son necesarias para el alma racional pues dirá[5] que "En vez de sensaciones, el alma discursiva utiliza imágenes. Y cuando afirma o niega (de lo imaginado) que 15 es bueno o malo, huye de ello o lo persigue. He ahí cómo el alma jamás intelige sin el concurso de una imagen." Ello puede parecer de poca importancia pero es lo que separa la vida sensible de la racional, la vida de los

---

[3] ARISTÓTELES, *De Anima*. Lib. III, Cap. I, 425a
[4] ARISTÓTELES, *De Anima*. Lib. III, Cap. III, 428b
[5] ARISTÓTELES, *De Anima*. Lib. III, Cap. VII, 131a

animales (no humanos) de la vida del hombre y, por ende, lo que hace que no todas las vidas sean dignas de la misma protección pues "es evidente que percibir sensiblemente y pensar no son lo mismo ya que de aquello participan todos los animales y de esto muy pocos."[6]

2. La vida en el Derecho Romano

2.1. Introducción al Derecho Romano

El Derecho Romano es el ordenamiento jurídico que rigió en Roma a lo largo de los diferentes periodos de su historia, pasando por épocas de gran esplendor y acabando con una vulgarización que provocaría un cierto olvido durante largo tiempo hasta su redescubrimiento por parte de los estudiosos del Derecho.

El Derecho Romano, pese a sufrir cierto anquilosamiento de sus instituciones, sigue siendo fuente del Derecho en los primeros Códigos legales en España, pudiendo asumir la tesis que el Derecho Civil actual es heredero de toda la concepción romana. Un claro ejemplo es la modificación del artículo 30 CC, que mediante la Ley 20/2011, de 21 de julio, del Registro Civil, que en su Disposición Final tercera, se elimina el requisito de que el nacido tuviera "figura humana" para ser considerado persona. Esto

---

[6] ARISTÓTELES, *De Anima. Lib. III, Cap. III*, 427b

proviene directamente del los requisitos impuestos por el Derecho romano[7], fruto de las historias romanas sobre seres mitológicos nacidos de vientre humano.

Propiamente, al hablar de Derecho Romano, se tratan aspectos del denominado Derecho Civil pues la gran obra creadora de los jurisconsultos romanos era en base a las relaciones de justicia particular entre los hombres. No obstante, tampoco es posible negar que el Derecho Romano fuera más allá del Derecho Privado ya que, sin duda, era necesaria la existencia de un Derecho Público que asistiera a la Res Pública en su continuidad, luego, también incorporamos dentro del término el Derecho Penal o una serie de leyes administrativas.

El Derecho Romano dejó una cierta estructura sobre la cual la ciencia jurídica de los diversos pueblos surgidos del Imperio, y posteriormente todos los territorios colonizados o occidentalizados, ha creado las bases para la disposición actual del Derecho siguiendo incluso, en algunos países, sistemas similares de codificación al propuesto por Gayo.

---

[7]MIQUEL, J. *Derecho Privado Romano*, Marcial Pons, 1992, p. 54, ISBN: 84-7248-141-7

2.2. La vida en la filosofía romana

La filosofía romana es prácticamente por completo estoica, por ello, es importante asumir la cuestión filosófica como fundamento para el desarrollo del carácter romano. El estoicismo nacerá con Zenón de Citio en el año 301 a.C. y pondrá su mirada en dominar las pasiones y los hechos que pueden causar una distorsión en el recto proceder del hombre, alcanzando la virtud y la razón gracias a la ataraxia.

Existen dos principales características del estoicismo que es necesario conocer para poder interpretar correctamente los párrafos siguientes. Entendían que el hombre debía llegar a la felicidad que se encontraba en la virtud, mediante la imperturbabilidad frente al mundo exterior, logrando una ataraxia. Postura límite que, acertadamente, critica Cicerón en De Amistitia.

La segunda característica importante sería que entendían que el hombre formaba parte de un logos, entendido como una inteligencia, un sentido, un *verbum*, tomando como referencia a Heráclito que en su teoría del ser llega a decir: "No a mí, sino habiendo escuchado al logos, es sabio decir junto a él que todo es uno"[8]. Desde esta concepción, que el hombre forme parte de un todo es vital pues impone que los hombres se encuentran interrelacionados entre sí.

---

[8] REYES VILLAREAL, M. *La respuesta está en el viento*, Palibrio LLC, 2013, p. 85, ISBN 978-1-4633-6165-5

Los estoicos dividieron su filosofía en tres partes: la lógica, la física y la ética. No obstante, para el presente análisis, obviaremos las dos primeras partes, asumiendo como importante la tercera.

En la ética estoica parte y se funda en la idea de que todo lo existente y, particularmente la vida humana se halla en un logos, lo cual implica que la libertad se reduca a la voluntad o no de aceptar el destino que se depara, lo que estará vinculado a la idea de actuar conforme a la razón[9].

El jurista romano fue, en parte, filósofo del Derecho, pero, a diferencia de los filósofos griegos, los jurisconsultos eran mucho más concretos y prácticos puesto que su razón de filosofar no era tanto el placer del saber sino la determinación de los conceptos y las vías de solución de problemas concretos.

Sin embargo, ello no implicó que fueran ineficaces sino al contrario, son aún hoy referentes de la ciencia jurídica. Esta ciencia, a lo largo de los siglos, ha mantenido la estructura del estudio del Derecho que, con ciertas modificaciones, recibimos hoy.

Uno de los pensadores más trascendentes para la cuestión jurídica es, sin duda alguna, Cicerón. Este político, militar y jurista es conocido por sus extensas obras pero, entre otras, trataremos como argumento para este apartado, la conocida como *De legibus* (en

---

[9] FERRATER MORA, J.. *Diccionario de Filosofía (Estoicismo, Cataléptico)*. Barcelona: Alianza Editorial, 1984. ISBN 84-206-5202-4

español, Acerca de las leyes). En un análisis del Libro I, vemos como diferencia la justicia de la ley, la cual es temporal. Y ello, inspira a dónde debe mirar el jurista para encontrar la ley, a lo que él dicta[10]:

> "Porque el bien mismo no está en las opiniones, sino en la naturaleza; pues si así fuera, los dichosos lo serían también por la opinión; más necio que lo cual ¿qué puede decirse? Por lo cual, cuando tanto el bien como el mal es juzgado por la naturaleza, y ellos son principios de la naturaleza, también, ciertamente, las cosas honestas y las torpes, deben ser discernidas por un método semejante, y referidas a la naturaleza."

Indica que la referencia a lo que es correcto o no, no se encuentra en las opiniones (lo que hoy llamaríamos un relativismo moral), sino en principios naturales. Es el juicio a la luz de esos principios lo que permite comprobar si un supuesto de hecho es o no justo pues la justicia, Cicerón extrae el concepto de la filosofía aristotélica (aunque, de alguna forma, la completa), va más allá de las leyes y éstas deben orientarse hacia ella.

En una búsqueda concreta a referencias propias al derecho natural a la vida, Cicerón aporta una muestra[11] en el mismo Libro I, como una tendencia del ser humano: "Y, por una ignorancia semejante, es rehuida la muerte, como una disolución de la naturaleza; es

---

[10] CICERÓN, *De Legibus. Libro I, Cap.* XVII, 46
[11] CICERÓN, *De Legibus. Libro I, Cap.* XI, 31

apetecida la vida, porque nos mantiene en el estado en que hemos nacido (…)".

Esta idea de actuar conforme a la naturaleza se ve plasmada en el Derecho Romano al fundamentar la concepción, propiamente aristotélica, de la existencia de un Derecho Natural y un Derecho Civil, así pues, MIQUEL dirá que la conclusión que se extrae de todo la contraposición entre ius civilis con ius gentium y el ius naturale es que "la naturalis ratio encierra una enorme carga filosófica e ideológica".[12]

2.3. El nasciturus

Si bien todo hombre es persona, para el derecho no toda persona es hombre. En la actualidad, la subjetividad se extiende más allá de las personas físicas (hombre), pues también hay personas jurídicas (no-hombre), pero en la Antigua Roma e gran parte de la población romana no era considerada "persona", no eran sujetos del derecho, pues eran esclavos y, por lo tanto, *res mancipi*.

Por ello el concepto de persona en Derecho no es asimilable a la definición coloquial del término. Ello debe ser tenido en cuenta para entender cómo se podía obviar realidades a las que el Derecho no les otorga personalidad. En este sentido, el Derecho romano no consideraba/protegía la vida como algo propio de las personas sino

---

[12] CICERÓN, *De Legibus. Libro I, Cap. XI*, 39-40

de los hombres. Por ello, el concebido no nacido quedaba sujeto a la protección que el Derecho ofrecía al nasciturus.

El nasciturus o concebido no nacido, no tenía personalidad (ni capacidad jurídica ni de obrar alguna) pero no era un "algo" extraño al derecho. GAYO, CELSO y JULIANO disponen que pese a que no es persona, sí que es tutelado (lo que se conocerá como *custoditur*) y se protegerán ciertos derechos.[13]

JULIANO, dispondrá, tal y como se recoge en el Digesto (1.5.26) que "los que están en el vientre, en casi todo el Derecho Civil se tienen por nacidos." Ello, así como otras referencias de diferentes jurisconsultos alegando lo mismo, supondrá que el Derecho Civil protegerá al nasciturus pese a no ser "persona". Indica pues que, si bien no podía ejercer derechos por faltar la capacidad, se le reconocían de ser titular de los mismo fruto de su ya existencia.

Esa existencia implicaba que la mujer que abortaba era castigada, así como los que colaboraban ante tal hecho. De la misma manera, para proteger la vida del nasciturus, se prohibía enterrar a la mujer en cinta antes de la extracción del feto. Incluso se mandaba diferir la pena de muerte de la mujer hasta el nacimiento del hijo para

---

[13] MIQUEL, J. *Derecho Privado Romano*, Marcial Pons, 1992, p. 54, ISBN: 84-7248-141-7

evitar darle muerte como consecuencia de la ejecución de la madre.[14]

Definitivamente, la protección que daba el Derecho Romano al no nacido supone un reconocimiento implícito a un primer derecho al nacimiento que ya tenía o que, en todo caso, se dirigía a reconocer la potencial personalidad y, por lo tanto, el vivir era algo reconocido como debido al nasciturus.

2.4. Lex Cesarea

Si bien hemos tratado la defensa romana de la potencial personalidad del no-nacido y, por lo tanto, un primer intento de proteger dicha vida. Sin embargo, se podría considerar que ello quizá respondiera única y exclusivamente consecuencia de una previsión patrimonial, para proteger el conjunto de bienes o la disposición de los mismos en aras a la espera sobre el nacimiento o no del nasciturus. Efectivamente, Roma no destacó por su aprecio a la vida humana, y no fue hasta el inicio del cristianismo cuando se empezó a entender de forma general entre la población la importancia de la vida. De esta manera, Séneca dijo: "Al hombre, sagrado para el hombre, lo matan por diversión y risas."[15] No obstante, si bien era difícil que hubiera una explícita defensa de la

---

[14] RÍOS, A. *El Nasciturus de la Antigua Roma a la realidad venezolana.*
[15] PEÑA, S. *El rompecabezas*, Editorial Verbum, 2017, p. 176, ISBN: 9788490745977

vida, se protege al nasciturus, evitando su muerte hasta el nacimiento.

Una protección más al nasciturus la encontramos en la *Lex Ceasarea*, promulgada en tiempos de Numa Pompilio (715-673 a.C.), la cual proviene del verbo *caedere*, cortar[16]. Uno de los preceptos religiosos de la época de Numa Pompilio prohibía enterrar a una mujer embarazada y, por ello, el nasciturus era extraído del vientre materno antes del sepelio[17]. Esta práctica se desarrolla hasta el punto de intentar salvar al bebé en caso de muerte de la madre o de un embarazo muy complicado que se sabía que le costaría la vida. Aunque se intentó siempre salvar al niño, no fue hasta alrededor del año 1500 que se produjo el primer parto por cesárea con supervivencia de madre e hijo, siendo hecho en Suiza por Jacob Nufer, un esposo que, desesperado, pidió autorización para hacerle la cesárea a su mujer y, imprevisiblemente, sobrevivieron ambos.

---

[16] El nombre de la *Lex Caesarea* no proviene de la palaba César, como explica el mito popular que propone que la ley cesárea habría surgido en base a que a Julio César lo habrían tenido que sacar del cuerpo de su madre fallecida mediante una operación, es rotundamente falso pues, primeramente la ley fue promulgada mucho antes que naciera el César y por motivos religiosos y, además, conocemos que su madre murió cuando él ya estaba bien entrado en edad.

[17] LANDART, P. *Finding Ancient Rome: Walks in the city*, (ebook) p. 54

La creación y utilización de la *Lex Caesarea* es denotativa de la consciencia universal que se se llegó a tener a partir de preceptos religiosos, aunque de Derecho Natural, que evolucionan hasta el punto de entender que el niño en el vientre de la madre debe nacer, pero no con el fin principal de salvar a la madre sino, al contrario, de salvar la vida del naciente.

Este es quizás el ejemplo más claro de la defensa de la vida inocente que se puede encontrar en época romana.

2.5. *Ius vitae necisque*

Pese a la existencia de cierto aprecio por la vida del no-nacido, como hemos visto, la figura del paterfamilias romano ejercía un carácter absoluto y unitario (MIQUEL)[18] que podía recaer en las cosas (*dominium*), esclavos (*mancipium*, pues no eran personas pero sí hombres), sobre la mujer (*manus*) o sobre los hijos (patria *potestas*). MIQUEL considera que la patria potestas tiene un carácter absoluto que refleja rasgos de su arcaísmo, y entre las facultades más arcaicas se puede descubrir el *ius vendendi* (el paterfamilias podría vender al hijo), el *noxae deditio* (si el hijo cometía un delito, el padre podía liberarse de la responsabilidad entregando al hijo) o el *ius vitae necisque*, que ahora trataremos.

---

[18] MIQUEL, J *Derecho Privado Romano*, Marcial Pons, 1992, pp. 374-375, ISBN: 84-7248-141-7

Por muy brutal que pueda parecer en la actualidad, el padre tenía sobre sus descendientes el derecho a la vida y la muerte. Esto es, en el caso en el que el hijo hubiera cometido ciertos delitos graves, tenía la potestad de darle muerte. Si bien la muerte puede parecer contraría a la vida, un análisis de este derecho también nos puede conducir al reconocimiento de la existencia de un derecho a la vida.

Aunque en este momento la vida aun no es apreciada como derecho subjetivo -pues esta categoría aparece, como tal, siglos más tarde-, tampoco es irrisoria la existencia de un *ius vitae*, un derecho a la vida y, por lo tanto, un respectivo deber sobre la vida del hijo. Aunque sea tremendamente injusto que el paterfamilias pudiera disponer cuasi-libremente de la vida del hijo, también existe una limitación a su derecho y, por lo tanto, una protección a la vida.

Así pues, MIQUEL, expone dos circunstancias importantes para entender el *ius vitae necisque*:

1. Primeramente, la familia se concebía como una "organización estatal en miniatura", con un soberano absoluto (el paterfamilias) que debía actuar según la moral de su tiempo.
2. La facultad otorgada estaba limitada por la ética social, freno según MIQUEL, actuando gracias al consejo de parientes para evitar ciertos abusos y arbitrariedades así como la

obligatoriedad de un proceso llamado *iudicium domesticum* (juicio doméstico).

Así pues, la vida era un bien importante y su erradicación injusta era condenada por la ética del momento y protegida por las instituciones de Derecho.

2.6. Homicidio[19]

Si algo nos puede indicar la existencia de un argumento a favor de la defensa de la vida es sin duda alguna la protección que el Derecho Romano le ofrecía mediante el castigo a aquéllos que intentaban ponerle fin.

El homicidio nace en Roma con el concepto de *parricidium* pero con el tiempo evoluciona para abarcar más supuestos, llegando a ser un *homicidium*.[20] En un primer momento, los delitos eran castigados por ser considerados un ataque a la comunidad y, desconociendo el proceso, se supone que se aplicaba la Ley del Talión ya dispuesta en las Doce Tablas para casos de pérdidas de extremidades.

MOMMSEN expone que se distinguían seis diferentes categorías de homicidios: asesinato violento y salteamiento, abuso del procedimiento capital, envenenamiento y delitos afines, homicidio por hechizo y magia, homicidio de parientes y, finalmente, incendio

---

[19] MOMMSEN, T. *Derecho Penal Romano*, Editorial Temis, 1999, pp. 388-397, ISBN 9788482725048
[20] Íbidem

intencionado y delitos cometidos en un naufragio. Pese a la existencia de todas estas categorías, reconoce que es cierto que en todos estos delitos existe un elemento común, la destrucción de una vida humana o el peligro en el que se le coloca.

La destrucción de la vida humana era, en un principio, condenada dependiendo de la intensidad de protección que daba el Derecho, no suponía lo mismo matar a una persona libre que a un esclavo (pues no se consideraba persona) o a un liberto pero esto cambió con el tiempo, en especial con la moralización del Derecho provocada por la introducción del cristianismo. Pese a que exista esta evolución, es cierto que desde el principio ya se consideraba que la vida tenía un valor que debía ser protegido, aunque con más o menos intensidad según la posición jurídica que se ocupara dentro de la institución familiar (paterfamilias, hijo sometido a la patria potestas, esclavo, liberto, etc.).

3. La vida en el tomismo como máximo representante de la escolástica

A efectos del presente trabajo, ha sido necesario descartar ciertos filósofos, acudiendo a los más relevantes para la tradición occidental. Siguiendo la argumentación aristotélica, se encuentra Santo Tomás de Aquino, pensador que ha dado lugar a una corriente filosófica: el tomismo.

3.1. La justicia en el tomismo

El tomismo es una filosofía que entiende que la existencia de Dios es un elemento vinculante en la vida del hombre y el gobierno del Universo. Eso implica que Santo Tomás de Aquino se pregunte si en Dios hay o no hay Justicia.

Si acudimos a la Suma Teológica, parte primera, cuestión 21, artículo 1, nos responderá que hay dos grandes tipos de justicia, la justicia conmutativa y la justicia distributiva (nociones que las extrae de Aristóteles, en el Libro V de la Ética a Nicómaco). La justicia conmutativa es aquella que se da en las relaciones en las que habrá intercambios que buscarán la igualdad, v.g. una compraventa. En cambio, la justicia distributiva es aquella justicia que se da en el reparto de los bienes según lo que le corresponde a cada uno, la deberá realizar aquél que se encargue del bien común y, como tal, en ella sí participará Dios. De la justicia conmutativa, Dios no se encargará, pero eso no significa que los hombres no deban actuar conforme a ella.

Pero para descubrir el objeto de la justicia, es decir, lo justo, lo debido a otro, esto es, el "ius", el Derecho[21], se requiere saber qué leyes existen para poder actuar conforme a ellas. Así pues, el Doctor Angélico nos dirá[22]:

> "(...) el derecho o lo justo es una acción adecuada a otra según cierto modo de igualdad. Pero algo puede ser adecuado a un hombre en un doble sentido: primero, por la naturaleza misma de la cosa, como cuando alguien da tanto para recibir otro tanto. Y esto se llama derecho natural. En un segundo sentido, algo es adecuado o de igual medida a otro por convención o común acuerdo, es decir, cuando uno se considera contento si recibe tanto.(...)Y a esto se llama derecho positivo."

Si dividimos el Derecho según si es lo justo de acuerdo con la naturaleza de la misma cosa y según lo acordado, podemos intuir que, aunque la ley positiva no proteja precisamente la vida, sí lo hará la ley natural pues el hombre tiende de forma natural a la vida (es decir, si no hay una interrupción por causa violenta, el hombre vivirá hasta su muerte por causa natural), por lo que, toda interrupción del curso natural de la vida es, sin duda, contrario al orden dispuesto en la naturaleza y, por lo tanto, injusto.

---

[21] *STh, II-II, q-57, a.1*
[22] *STh, II-II, q-57, a.2*

3.2. El hombre y su principio de vida

El tomismo coincide con la doctrina establecida por Aristóteles sobre la unión de alma y cuerpo como constitutiva del ser del hombre, subrayado también que sólo el alma es el principio racional de vida.

Ahora bien, si existe la necesidad de la existencia del alma, habrá que proponer qué es el alma y, en base a esa definición, poder argumentar por qué es necesaria el alma para que exista vida y, por lo tanto, para que pueda haber una defensa de la misma:

> "(...) Para analizar la naturaleza del alma, es necesario tener presente el presupuesto según el cual se dice que el alma es el primer principio vital en aquello que vive entre nosotros, pues llamamos animados a los vivientes, e inanimados a los no vivientes.(...)"[23]

Así pues, el alma es un principio racional de vida y sólo el viviente tendrá alma, por lo que sí hay alma, habrá vida y si hay vida, en base al epígrafe anterior, si nos ordenamos a la naturaleza, tenderá a su conservación y será injusto poner fin a la misma.

En cambio, si asumimos que el alma es el primer principio vital, cuando el cuerpo se corrompe, el alma no muere, pues Santo Tomás argumentará[24] que

---

[23] *STh, I, q. 75, a.1*
[24] *STh, I, q. 75, a.2*

> "Es necesario afirmar que el principio de la operación intelectual, llamado alma humana, es incorpóreo y subsistente. Es evidente que el hombre por el entendimiento puede conocer las naturalezas de todos los cuerpos. (...) Así, pues, el mismo principio intelectual, llamado mente o entendimiento, tiene una operación por sí, independiente del cuerpo. Y nada obra por sí si no es subsistente. Pues no obra más que el ser en acto; por lo mismo, algo obra tal como es. Así, no decimos que calienta el calor, sino lo caliente. Hay que concluir, por tanto, que el alma humana, llamada entendimiento o mente, es algo incorpóreo y subsistente."

Pero el problema del derecho a la vida tratado en el presente trabajo, es que no trata de una vida como hecho trascendente; sino como un derecho que, muerto el hombre, queda extinto el derecho como tal —aunque no la vida.

3.3. El homicidio

Si el Derecho Romano trató la muerte de un hombre como una cuestión sobre la que el Derecho debía actuar y dar punibilidad a dicha conducta, Santo Tomás de Aquino también trato el homicidio en la Suma Teológica. De esta manera, al tratar la cuestión, dividirá la licitud de dar muerte a un animal o a un ser vegetal versus la muerte de un hombre. Si nos dirigimos a la primera objeción del artículo 1 de la cuestión 64 (el homicidio) de la parte II-II de la Suma Teológica, veremos que dirá:

> "Dice Rom 13,2: <<Los que resisten a la ordenación de Dios, ellos mismos se atraen la condenación.>> Ahora bien: por ordenación de la providencia divina se conservan todos los seres vivientes, según Sal 146,8-9: <<Dios produce en los montes heno y pasto para el ganado. Luego parece que es ilícito dar muerte a cualquier ser viviente.>>"

Pero, ante esa objeción, él responderá:

> "Por disposición divina se conserva la vida de los animales y de las plantas, no para sí mismos, sino para el hombre. De ahí que, como dice Agustín en I De civ. Dei, por justísima ordenación del Creador, la vida y la muerte de estos seres están entregadas a nuestra utilidad."

Es decir, no puede haber una pena por matar un animal puesto que el ser imperfecto está dirigido al hombre, es por ello que la conservación de su vida depende de la voluntad del hombre y su utilidad. No obstante, dar muerte a un hombre sí es contrario a la ordenación natural pues esa vida no depende de la voluntad del hombre al contrario, es dada por Dios y sólo puede ser reclamada por él:

> "De este modo, Dios, al causar en las cosas el bien de la armonía del universo, como consecuencia y de forma accidental, también causa la corrupción de las cosas, según aquello que se dice en 1 Samuel 2,6: El Señor da la muerte y la vida."[25]

---

[25] *STh, I, q. 49, a. 2*

Se planteará también en la cuestión 64 si le es lícito a un particular matar a un "pecador", así pues dirá:

> "es lícito matar al malhechor en cuanto se ordena a la salud de toda la comunidad, y, en consecuencia, el realizarlo le compete sólo a aquel a quien esté confiado el cuidado de conservar la comunidad, igual que al médico le compete amputar el miembro podrido cuando le fuera encomendada la curación de todo el cuerpo. Pero el cuidado del bien común está confiado a los príncipes, que tienen la autoridad pública. Por consiguiente, solamente a éstos es lícito matar a los malhechores; en cambio, no lo es a las personas particulares."

Pues dar muerte a alguien, a diferencia de a algo es un asunto que no compete al particular sino a la autoridad que debe velar por el bien común. De la misma manera, no se mata por placer sino porque "cuando la muerte de los malos no entraña un peligro para los buenos, sino más bien seguridad y protección, se puede lícitamente quitar la vida a aquéllos."[26]

El derecho a la vida enlaza directamente con la condición de ser personal, entendiendo que la persona es la forma más perfecta de ser, su vida deberá prevalecer sobre las demás y, en cualquier caso, supondrá una mayor pérdida que la vida animal o vegetal. Lo anteriormente argumentado sobre el homicidio es aplicable porque

---

[26] *STh*, II-II, q. 64, a. 2

el hombre es entendido como una sustancia individual de naturaleza racional[27].

3.4 El suicidio

Uno de los cambios principales entre la mentalidad romana clásica y la mentalidad que se irá desarrollando con el cristianismo es la cuestión de la disponibilidad de la propia vida. Por primera vez, el suicidio deja de ser una opción pues no sólo se acaba con la vida misma, sino que se causa un daño tanto en el orden de las cosas como hacia la comunidad.

Analizaremos la respuesta de Santo Tomás de Aquino sita en el artículo 2 de la cuestión 64, II-II:

> "Es absolutamente ilícito suicidarse por tres razones: primera, porque todo ser se ama naturalmente a sí mismo, y a esto se debe el que todo ser se conserve naturalmente en la existencia y resista, cuanto sea capaz, a lo que podría destruirle. Por tal motivo, el que alguien se dé muerte va contra la inclinación natural y contra la caridad por la que uno debe amarse a sí mismo; de ahí que el suicidarse sea siempre pecado mortal por ir contra la ley natural y contra la caridad."

---

[27] MARTÍ, G. "Sustancia individual de naturaleza racional: el principio personificador y la índole del alma separada". Revista Metafísica y persona, núm. 1 (2017), Universidad de Málaga, p. 11

Existe un principio que se impone por razón natural y que es común en todos los seres vivos, que podría ser llamado el "principio de autoconservación" por el que un ser vivo (al igual que toda sustancia), en condiciones normales, tiende a vivir y a proteger su vida, por lo que actuar contra este principio es ser contrario a la ley natural. Por otro lado argumentará Santo Tomás que también se actúa en contra de la caridad que no es debida sólo a ciertas personas sino también a uno mismo.

El suicidio tampoco es un acto ajeno a la realidad social pues, al contrario de lo que pudiera parecer, el hombre se halla vinculado a una serie de relaciones, familiares, de amistad, con la polis, etc., y la muerte provoca la ruptura de dichos vínculos, así como daños y dolor a causa de la muerte.[28]

Por otro lado, es claro que el hombre es contingente, es decir, el curso del Universo seguiría sin la existencia del hombre, no la de

---

[28] Así pues, en *De Amistitia*, Cicerón trata sobre el drama de la muerte del amigo, pues el ponerse fin a uno mismo causa dolor ajeno: "Segunda, porque cada parte, en cuanto tal, pertenece al todo; y un hombre cualquiera es parte de la comunidad, y, por tanto, todo lo que él es pertenece a la sociedad. Por eso el que se suicida hace injuria a la comunidad, como se pone de manifiesto por el Filósofo en V Ethic."

Dios, que es ser necesario para la existencia de toda naturaleza. Por ello, que el hombre exista no es debido sino causa del amor divino que va más allá de sí mismo. La vida, propiamente, no es un derecho del hombre sino es un don otorgado por Dios, por lo que la privación de la misma, en todo caso, sólo debiera ser competencia de Aquél que la ha dado. Suicidarse, por lo tanto, es un acto de rebeldía contra Dios y contra el orden dispuesto por Él.[29]

En conclusión, la protección de la vida, en Santo Tomás, no sólo se da en base a la existencia de un orden natural sino también por ser don divino. Por ello, matar a otro o a uno mismo es pecar contra la comunidad, contra Dios y su orden natural, y, en caso de suicidio, contra la caridad debida a uno mismo. La vida es, para él, algo justo, no siendo un derecho subjetivo (no se había planteado aún ese concepto en el pensamiento jurídico) sino objeto de la relación

---

[29] "Tercera, porque la vida es un don divino dado al hombre y sujeto a su divina potestad, que da la muerte y la vida. Y, por tanto, el que se priva a sí mismo de la vida peca contra Dios, como el que mata a un siervo ajeno peca contra el señor de quien es siervo; o como peca el que se arroga la facultad de juzgar una cosa que no le está encomendada, pues sólo a Dios pertenece el juicio de la muerte y de la vida, según el texto de Dt 32,39: Yo quitaré la vida y yo haré vivir."

de justicia. Así pues, Santo Tomás asume que atacar la vida, tanto de uno mismo como de otro, es "oposición a la justicia"[30].

4. El racionalismo y la vida como derecho

Una de las grandes corrientes filosóficas de la Historia ha sido el racionalismo, el cual queda representado en este trabajo por su máximo exponente, Descartes, a fin de exponer las ideas más relevantes de esta filosofía sobre la naturaleza de la vida.

Descartes, padre de la filosofía racionalista, consideraba que el hombre era libre (defendiendo el libre albedrío) pero, ello, unido a la capacidad que tiene el hombre para alcanzar el conocimiento mediante la razón, lo hacían responsable de sus actos pues, en base a ese conocimiento, debía actuar correctamente. La fórmula que utiliza en su moral provisional para dar a entender dicho juicio es: "basta juzgar bien, para obrar bien, y juzgar lo mejor que se pueda, para obrar también lo mejor que se pueda."[31].

Asumiendo este pensamiento, si el hombre es capaz de obtener conocimiento verdadero mediante la razón y también puede obrar correctamente en base a ese conocimiento, un análisis de la razón llevará a los filósofos de esta corriente filosófica a la certitud de sus

---

[30] STh., II-II, q.64, a.5
[31] DESCARTES, RENÉ. *Discurso del Método, III parte, párrafo quinto.*

resoluciones, siempre según ellos y en base al pensamiento cartesiano.

4.1. El derecho subjetivo del hombre

Si bien el Derecho objetivo ha existido desde tiempos remotos, el derecho subjetivo nace con posterioridad. Hasta el siglo XIV, el Derecho sólo se entendía en su término de *Ius* (lo justo) o, si asumimos las tesis de VILLEY, también con la significación judeo-cristiana que se impone en la historia (por lo que habrá una moralización del Derecho[32]).

Ello no obsta para que, a partir de Occam (u Ockham), máximo representante del nominalismo filosófico, y los siguientes pensadores, se dispusiera la filosofía del momento a aceptar el concepto individualista de la persona y, por ello, la aparición de los derechos subjetivos. El conflicto se da en medio de la conocida como "Querella de los universales", por la que los intelectuales de la época discutían sobre la existencia o no de los universales (y, por lo tanto, de una realidad metafísica en la que existieran los conceptos). Ockham, fraile franciscano, tomó una postura nominalista, es decir, los nombres son meros términos que designan realidades individuales y únicas, por lo que el Derecho no

---

[32] VILLEY, M. *Filosofía del Derecho*. Scire Universitaria, 2003, p. 70, ISBN: 8493323101

existirá en sentido abstracto, metafísico, sino sólo siempre que se plasme en una situación individual, por lo que, por ejemplo, el término ciudad no será más que la designación de una realidad concreta que agrupa a un conjunto de individuos pero no existirá separada de esa definición para cada caso concreto y singular. Sin duda es consecuencia del nominalismo el que los nombres sean considerados meros instrumentos lingüísticos.[33]

Esta postura convierte al hombre en un individuo, solo, en un mundo de individuos y elementos privados, que sólo existen en su singularidad. Esta singularidad concreta de la persona conduce necesariamente hacia posturas individualistas. El individualismo, sumado al nominalismo, ya no contemplará el Derecho desde la perspectiva de la justicia -como "dar a cada lo suyo"-, y, por lo tanto, implicando siempre relación (pues las relaciones no existen sino en el plano meramente terminológico de una realidad material), sino como una potestad del sujeto, un atributo en beneficio del individuo.

El Derecho ya no será un deber enraizado en las relaciones de los hombres (aquello que hay que "dar a cada cual") sino como una permisión que nos reconoce la ley moral o una libertad personal de hacer aquello que permitan las normas jurídicas.

---

[33] VILLEY, M. *Filosofía del Derecho.* Scire Universitaria, 2003, p. 91, ISBN: 8493323101

4.2. El pensamiento de Hugo Grocio en relación con la vida

Hugo Grocio fue un jurista y escritor neerlandés que teorizó sobre el Derecho Natural y las implicaciones de éste. Además, es considerado como uno de los padres del Derecho Internacional moderno con su obra *De iure belli ac pacis* (1625), siendo considerado el primer tratado de derecho internacional organizado sistemáticamente, si bien es cierto que cita recurrentemente a Francisco de Vitoria y ayuda a la expansión de las ideas de la Escuela de Salamanca que ya inició el estudio del Derecho desde el punto de vista internacional (v.g., el Derecho de Indias).

Grocio considera en cierto sentido que el hombre es social por naturaleza, a diferencia de Hobbes, y que existen una serie de normas inherentes en el hombre que no son discutibles ni se pueden cambiar. Si el hombre es social, para poder mantenerse en sociedad, debe buscar esos principios mínimos que le permitan obrar justamente en ella. Si bien es difícil encontrar en esa época referencias a la vida como derecho, en Grocio, sí encontramos múltiples pasajes en los cuáles tratará de argumentar la legítima defensa en base a la protección de un derecho innato a la vida. Es decir, Grocio entenderá que la vida es un bien natural de debida legítima protección por parte de los individuos y, por ello, ante el atacante, podrá el atacado defenderse e, incluso, llegar a producir la muerte de éste.

En un breve análisis a su obra magna *De iure belli ac pacis*, encontramos diferentes fragmentos que demuestran la tesis expuesta en el párrafo anterior, así pues, él nos dirá[34]:

> "Entre los primeros principios de la naturaleza no hay nada que se oponga a la guerra, antes más bien la favorecen todos; porque ya el fin de la guerra, la conservación de la vida y de los miembros, y la retención o adquisición de las cosas útiles para ella, está conforme muy mucho con esos principios naturales."

La conservación de la vida queda identificada por Grocio, ya en el inicio de la obra, como un principio natural que no debe ser menoscabado y, si así lo fuere, sería posible una guerra justa, una defensa contra el agresor. En defensa de este argumento, él citará en numerosas ocasiones a filósofos como Cicerón y a múltiples jurisconsultos. Así, después de citar a Cicerón, expondrá[35] que:

> "Esto prescribe también la razón a los sabios, la necesidad a los bárbaros, la costumbre a los pueblos, y la misma naturaleza a las fieras, que por cuantos medios puedan aparten de sí siempre toda violencia, de su cuerpo, de su cabeza, de su vida."

Citará también a Cayo, a Florentino o a Josefo, éste último resumirá a la perfección todas las citaciones referentes a la vida,

---

[34] GROCIO, H. *Del derecho de la guerra y de la paz*, Editorial Reus, 1925, p. 72
[35] Id., p. 78

resolviendo[36] que "porque hay en la naturaleza esa ley, que existe en todos, que quieren vivir, y que tomamos por enemigos a los que claramente nos quieren quitar la vida."

En efecto, existirá para Grocio un derecho a la conservación de la vida y una legítima defensa de aquél que puede verse privado de la misma.

4.3. El pensamiento de Thomas Hobbes en relación con la vida

Thomas Hobbes suele ser considerado como perteneciente a la corriente de pensamiento empirista, sin embargo, el método que usa para exponer su teoría sobre el hombre y el contrato social, es sin duda, el método de Padua, usado por Descartes.

El pensamiento de Hobbes tiene claros rasgos contrarios al aristotelismo y el pensamiento sobre la sociabilidad del hombre que se ha tratado hasta el momento. Como punto de partida, es de vital importancia entender que, para Hobbes, el hombre no es un ser social por naturaleza, al contrario, el hombre es peligroso para los demás, quedando plasmado en la archiconocida frase popularizada por Hobbes en *De Cive*, *Homo Homini Lupus est*, esto es, el hombre es un lobo para el hombre, dando por elemental que el hombre es naturalmente egoísta y sólo buscará sus intereses particulares.

---

[36] Id., p 78

Este egoísmo natural que presupone Hobbes, implica que el hombre buscará su satisfacción aunque deba imponerse sobre los demás, así pues, la sociedad será un medio para evitar que el hombre se sobrepase, de modo que deberá dar a una "persona artificial", el Estado, todos sus derechos mediante el contrato social.

Sobre el derecho a la vida, Hobbes argumenta que existe un derecho del hombre a conservar su vida en estado de naturaleza, en el cual, el hombre se ve obligado a protegerse de los demás. El filósofo en cuestión acabará estableciendo 19 leyes de naturaleza, es decir, aquellas que se dan estando el hombre en estado natural. La primera de ella, que es la que tiene implicaciones directas con la vida[37]: "Cada hombre debe procurar la paz hasta donde tenga esperanza de lograrla, y, cuando no puede conseguirla, entonces puede buscar y usar todas las ventajas y ayudas de la guerra."

En la segunda parte de la primera ley, vemos como el hombre puede usar la violencia para proteger la paz, entendiéndola como un estado en el que se permite la vida sin constantes amenazas a la misma.

Ya en el Leviatán (visto como ente), es decir, una vez aparecido el Estado absoluto fruto del contrato social, el derecho a la vida se reducirá a la simple disposición de la voluntad de ese gobernante de preservarla. Por ello, la potestad de decidir sobre la vida de los

---

[37] HOBBES, T. *Leviatán, Cap. XV*

demás se encontrará en esa persona artificial que se ha creado, por lo que la vida del hombre dependerá de la voluntad del soberano, claramente quedará expuesto que el derecho a la vida no es inalienable, sino un derecho de resistencia de los ciudadanos que desparece frente al derecho de vida y muerte que tendrá el soberano sobre los súbditos.[38]

5. El empirismo inglés

El empirismo inglés, del cual hacemos referencia en este apartado, sin ánimo de analizar los autores principales, propugna la idea de que el conocimiento del hombre sólo se puede encontrar a posteriori, mediante la experiencia y, siendo esta una experiencia propia de cada individuo, el conocimiento deviene personal y subjetivo. Ello podría implicar que, si las cosas no se conocen, no existen, lo cual convierte al mundo en un sinsentido. Para evitar esa concepción, Berkeley dispone que existe una metafísica en la que los objetos existen si son percibidos (*Esse est percipi*, Ser es ser percibido), pero si bien el hombre no lo puede percibir todo, Dios sería el encargado de percibir todos los objetos sensibles y, por lo tanto, de garantizar su existencia. Hume, por su parte, reducirá la teoría del conocimiento a

---

[38] RAMÍREZ ECHEVERRI, J. D. *Thomas Hobbes y el Estado absoluto: del Estado de razón al Estado de terror*. Universidad de Antioquia, Facultad de Derecho y Ciencias Políticas, 2010, p.12.

impresiones e ideas, es decir, el hombre percibe y, en base a ello, crea conocimiento.

5.1. John Locke. Pensamiento y el valor de la vida del hombre

Para entender el pensamiento de Locke en el aspecto que interesa para el presente trabajo, es necesario entender la epistemología que defendía. En este caso, él entendía que el hombre, al nacer, tiene una mente la cual es tabula rasa, es decir, una pizarra en blanco, vacía, sin ideas innatas. Al contrario que autores de épocas anteriores, al ser empirista inglés, asumirá como propia la tesis relativa a la limitación del ser humano al conocimiento basado en la experiencia. Es más, su obra más conocida es *An Essay concerning Human understanding* (Ensayo sobre el conocimiento humano), en el que, la primera frase del Capítulo primero del mismo será: "La forma en que nosotros adquirimos cualquier conocimiento es suficiente para probar que éste no es innato." De la misma manera, a lo largo de la obra procurará demostrar su teoría sobre el conocimiento sensible.

Sobre la ley natural[39], que es un aspecto concerniente al valor que se le podría dar a la vida, entiende que sería una cierta inclinación a obrar bien. Locke asume que el conocimiento de un recto obrar no puede ser dado de forma innata ni por tradición sino que el hombre lo

---

[39] BONILLA SAUS, J. "LA LEY NATURAL EN LOCKE: The Law of Nature in Locke." *Rev. Urug. Cienc. Polít.*, vol. 20 (2011), no.1, p.147-164. ISSN 1688-499X

podrá adquirir mediante el conocimiento de los sentidos, descubriendo en la experiencia lo que es correcto y lo que no. De la misma manera, entenderá que, si bien, como hemos dicho anteriormente, el conocimiento es subjetivo, la ley natural dispuesta por Dios es válida para todos los hombres aunque, para salvar su filosofía, determinará que su eficacia dependerá de cómo se den las relaciones entre los hombres, por lo que, para cada situación social, sería posible ver varias versiones de la ley natural.

Analizando ahora el contractualismo social de Locke, vemos como sostiene la idea de un hombre en estado de naturaleza que en el Segundo Ensayo sobre el Gobierno Civil, se definirá como un hombre libre, que no se encuentra sometido al poder de nadie, aunque siempre sometido a la ley natural que hemos reseñado brevemente en el párrafo anterior. Dispone así que:

> "Todos los hombres nacen con un doble derecho: en primer lugar, el derecho a la libertad de su persona, sobre la que ningún otro hombre puede decidir, pues cada hombre tiene en su mano la capacidad de disponer libremente de sí mismo. En segundo lugar, un derecho preferente frente a cualquier otro a heredar, junto con sus hermanos, los bienes de su padre"[40]

La existencia de ese derecho a la libertad de su persona, el cual es el de principal interés para la materia discutida aquí, implica que los

---

[40] LOCKE, J. *Dos ensayos sobre el gobierno civil,* Madrid, Planeta-Agostini, 1996,. Segundo ensayo, *Cap. XVI, 190,* p. 343, ISBN 84-395-4538-X

demás (entendido como el conjunto de individuos restantes) deben respetar al hombre y su libertad por lo que, también deberán respetar sus derechos que no son fruto de la sociedad sino que ya forman parte del hombre en el estado de naturaleza, es decir, en un estado prepolítico. En este caso, sobre la vida, Locke dirá:

> "El hombre, al carecer de poder sobre su propia vida no puede, ni por un pacto, ni por propia voluntad, convertirse a sí mismo en esclavo de otro, ni someterse al poder absoluto y arbitrario de otro que le pueda arrebatar la vida en el momento que mejor le plazca. Nadie puede entregar a otro un poder que él mismo no posee"[41]

El hombre, por lo tanto, no podrá disponer de su vida, ni arrebatar la de los demás, ya que esa vida no es disponible pues es la existencia de la persona es el fundamento de todos los demás derechos y no puede evitar vivir. No obstante, en el contrato social, será el mismo Estado el que, en defensa propia, pueda disponer la muerte de una persona por ser un agresor, colocándose en lo que denominará "estado de guerra" pero, en ningún caso, por la muerte arbitraria o despótica.[42]

---

[41] Ídem, *Cap. IV*, 23, p. 220
[42] DAROS, W. R., *Contrato Social y la Libertad individual según Locke*, [En línea] COCINET, 2009, p.16. <https://williamdaros.files.wordpress.com/2009/08/w-r-daros-contrato-social-y-libertad-indivual-en-locke.pdf> [Consulta: 3 diciembre 2017]

5.2. David Hume. Pensamiento y ética empirista

En el aspecto epistemológico, es decir, la ciencia que estudia el proceso por el que se conoce, Hume propone que es necesario conocer primeramente lo que él determina como la "ciencia de los hombres", que no es más que la epistemología. Así pues, en el Tratado sobre la naturaleza humana, ya en su introducción, dispondrá claramente:

> "No hay cuestión de importancia cuya decisión no se halle comprendida en la ciencia del hombre y no hay ninguna que pueda ser decidida con alguna certidumbre antes de que hayamos llegado a conocer esta ciencia."[43]

Su teoría del conocimiento se estructura en dos grandes bases: las impresiones y las ideas. Sabiendo que él es un empirista, todo conocimiento provendrá de la experiencia sensible. Las experiencias de la realidad provocan una impresión y éstas, a su vez, causan una serie de ideas que, combinadas, crean lo que conocemos como conocimiento.

Por un lado, por lo tanto, el hombre sentirá y a esas realidades experienciales las llamaremos impresiones. Las ideas serán copias difusas de las impresiones (como lo es el recuerdo del frío a

---

[43] HUME, D. *Tratado de la naturaleza humana* [En línea]. Biblioteca de Autores Clásicos. Libros en la red, 2011, p. 17. <https://www.dipualba.es/publicaciones/LibrosPapel/LibrosRed/Clasicos/LibrosHume.pm65.pdf> [Consulta: 1 enero 2018]

diferencia de la vivaz sensación de tenerlo). El pensamiento humano transforma las impresiones en ideas y, éstas, aparecerán en la mente (mediante la memoria) o se relacionarán entre ellas (gracias a la imaginación).

También cabe decir que Hume, en un momento determinado de su trayectoria, da un cierto giro hacia una postura más escéptica dudando sobre la existencia continua del universo, del yo (negando la existencia del alma), dudando de la necesidad de un creador, incluso cayendo en un cierto determinismo. Con las presuntas demostraciones de que el "yo" y el "mundo" son producto de la relación de ideas (imaginación), pretende destruir cualquier metafísica, llegando a postular un escepticismo moderado.

Otro aspecto importante de Hume es la ética. Nos dirá que es imposible tratar racionalmente los asuntos relativos a la moralidad porque ésta no corresponde a la capacidad de conocimiento (ya que sólo se basa en la experiencia)[44]:

> "Así, en resumen, es imposible que la distinción entre bien y mal moral pueda ser hecha por la razón, pues esta distinción tiene una influencia sobre nuestras acciones de la cual la razón por sí sola es incapaz."[45]

Por ello, ya que no hay metafísica, ni nada más que la relación concreta entre individuo y un hecho preciso, la bondad o la maldad

---

[44] Ídem, p. 337
[45] Ídem, p. 335.

sólo puede ser descubierta en nuestro interior cuando encontramos un sentimiento de aprobación o desaprobación. Desde esta perspectiva las cuestiones morales no serán de orden racional sino en base a los sentimientos, dando pie al emotivismo moral.

El emotivismo moral, por lo tanto, el valor de nuestros actos para con la vida dependerá del placer o la utilidad que nos den, por ello, el vivir o el morir, el vivir dignamente o no sólo dependerá de si aprobamos o no esa situación, por ello, la vida, así como cualquier otro valor, tendrá una cualificación subjetiva y de orden emocional, separándola de cualquier recto obrar en base a una naturaleza pues ni existe el recto obrar universal ni una naturaleza universal que se deba seguir.[46]

6. El idealismo kantiano

6.1. La filosofía kantiana

La filosofía kantiana puede ser considerada a la luz de tres grandes cuestiones: "¿Qué puedo saber?", "¿Cómo lo puedo saber?" y "¿Qué puedo esperar?". Entre sus obras principales encontramos "Crítica a la razón pura", en la que intentará demostrar qué puede conocer el hombre en realidad. Para Kant habrá dos grandes aspectos del

---

[46] Ídem, p. 336

conocimiento, el conocimiento especulativo (lo que conocemos) y el práctico (lo que buscamos conocer para comportarnos).

El conocimiento, para Kant, trasciende de lo sensible (por lo que no es meramente empirista) porque también se funda en principios o formas que se hallan de modo innato en la razón misma. Sin embargo, el hombre no será capaz de conocer las cosas en sí sino que conoce las cosas en él, subjetivamente, es decir, el fenómeno. Habrá, por lo tanto, una desconfianza en que el hombre pueda conocer lo que las cosas objetivamente son aunque sí pueda confiar en lo que son para él. [47]

Kant, después de "Crítica a la razón pura", escribirá "Crítica a la razón práctica". En ella, examinará lo que el hombre puede llegar a conocer moralmente. Buscará si existe alguna verdad racional que esté al alcance del hombre en el momento de obrar pues éste puede verse influido por un elemento material, es decir, el hombre puede verse inclinado a actuar por simpatía, actitudes naturales, educación, etc. así que se pregunta si hay algún principio formal que sea fundamental para saber si el hombre puede determinarse en el correcto obrar, y ese principio es lo que él llamará "imperativo categórico".

---

[47] "Pero, aunque todo nuestro conocimiento empiece con la experiencia, no por eso procede todo él de la experiencia".
KANT,I. *Crítica de la Razón pura*. Editorial Taurus, 2005. p. 28. ISBN: 9788430605941

El imperativo categórico será una verdad racional que impera en nosotros de un modo incondicional y absoluto. Al obrar por simpatía o por miedo a la sanción, se obra por razón de la consecuencia y, por lo tanto, obrar según principios como éstos no llevaría al hombre a realizarse racionalmente, según Kant. Para eso, hay que buscar el imperativo categórico.

Hay dos definiciones del imperativo categórico: "obra de tal manera que puedas querer como máxima, tu máxima particular" y "trata al ser humano tanto en tu persona como en los demás siempre y al mismo tiempo como un fin, nunca únicamente como un medio". Kant, declara:

> "La universalidad de la ley por la cual suceden efectos constituye lo que se llama naturaleza en su más amplio sentido (según la forma); esto es, la existencia de las cosas, en cuanto que está determinada por leyes universales. Resulta de aquí que el imperativo universal del deber puede formularse: obra como si la máxima de tu acción debiera tornarse, por tu voluntad, ley universal de la naturaleza."[48]

La conjugación de ambas fórmulas, resumidas en una, debe inspirar el obrar. Es en ese imperativo categórico que veremos el valor de la vida para Kant.

---

[48] KANT, I. *Fundamentación de la metafísica de las costumbres*, Espasa Calpe, 2003. Cap. II, ISBN: 9788474906943

6.2. El valor de la vida en Kant

La autonomía de la persona frente a las decisiones de la vida no es sinónimo de indiferencia, de posibilidades infinitamente válidas sino de autodeterminación según la ley. Esto es, en la autonomía de la voluntad, el hombre sólo se realiza plenamente en el momento en el que mantiene una correlación con el imperativo categórico.

Para dar inicio a la exposición de la formulación sobre el valor de la vida según Kant, debemos atender primeramente a qué entiende él por vida, de esta manera, expondrá:

> "La facultad de desear es la facultad de ser, por medio de sus representaciones, causa de los objetos de estas representaciones. La facultad de un ser de actuar según sus representaciones se llama vida"[49]

Para Kant, como ya se ha referido anteriormente, la forma moral ha de ser necesariamente el imperativo categórico. Es, también, una ética del deber, es decir, requiere un esfuerzo constante, es decir, si el hombre no se ve obligado a esforzarse, no estará obrando según el imperativo categórico pues el hombre será un ser insociable en sociedad, llevado por las pasiones si no se esfuerza a evitarlo.

Desear la muerte es pretender la anulación de desear, es decir, extinguir la facultad que nos hace ser, lo cual implica un abuso de la

---

[49] KANT, I, *Fundamentación de la metafísica de las costumbres*, Cap. VI;211; Traducción de A. Cortina y J. Conill, Madrid, Tecnos, p. 13, ISBN: 9788430943296

libertad que tiene el hombre pues en uso de esa libertad se pretende eliminar la capacidad de ser libre y, siendo la facultad de desear algo indisponible, natural en el hombre, no es posible perderla sin estar sujeto a un reproche.

Para Kant, hay un deber de moralidad, es decir, de responsabilidad en el obrar, que no es posible renunciar, es decir, no es posible dejar de vivir.

En la formulación segunda del imperativo categórico también recibimos un concepto del cual no es posible claudicar sin más, el de "humanidad". Tal y como se define ut supra, el hombre debe ser tratado como fin en sí mismo siempre y no como medio u objeto. Si las personas somos un fin en sí mismo, es decir, hay una trascendencia que las hace estar por encima de los demás entes existentes, es inmoral atacar la vida humana. La vida, por lo tanto, no es un fin relativo o subjetivo sino condición de la facultad de desear y, consecuentemente es también autonomía y libertad, por lo que, quien ataca a la vida, ataca a la libertad. Según esto, toda disposición en pro de la muerte de alguien sería un ataque a su libertad y a un valor intrínseco que cada hombre tiene.

Si la persona se detiene a pensar sobre el imperativo categórico mediante la razón pura y asume que el hombre desea, deberá desear aquello que es consecuente con el imperativo categórico. Para ello, deberá haber una universalización de los deseos, pero para poder pretender una universalización de los deseos, es decir, que todos puedan desear, hay que esperar que todos tengan facultad de hacerlo, y para ello deben mantenerse con vida. ROMÁN MAESTRE nos dirá que:

> "La ley moral es el objeto de deseo de la función legislativa de la voluntad, y la vida, en tanto que capacidad de ser causa de las representaciones, es su trascendental fundamental."[50]

Si la vida es su trascendental fundamental significa que es necesario vivir, por lo que habrá un deber intrínseco a la vida. Sobre este deber, es fácil entenderlo y compararlo siempre que entendamos que el hombre es capaz de obrar según lo que está bien o no, pero nunca será capaz, según Kant, de decidir qué está bien o no. Por ejemplo, una persona puede decir o no la verdad, pero no puede decidir que algo sea verdad o no por su mero placer porque será objetivamente cierto, objetivamente bueno u objetivamente deseable. Asumiendo tal fórmula, somos capaces de decidir sobre nuestra vida o la de otros, en tanto que vivir o no vivir, pero no podemos decidir si es debido vivir o no pues nada puede erradicar el deber de vivir, el deber de salvaguardar nuestra facultad de pensar y de ser. Kant dice:

> "En cambio, conservar la propia vida es un deber, y además todos tenemos una inmediata inclinación a hacerlo así. Mas, por eso mismo, el

---

[50] ROMÁN MAESTRE, B. "El concepto vida en la ética kantiana: algunas consecuencias para la bioética". LOGOS. Anales del Seminario de Metafísica, Vol. 40 (2007), p. 83

cuidado angustioso que la mayor parte de los hombres pone en ello no tiene un valor interno, y la máxima que rige ese cuidado carece de contenido moral. Conservan su vida en conformidad con el deber, pero no por deber. En cambio, cuando las adversidades y una pena sin consuelo han arrebatado a un hombre todo el gusto por la vida, si este infeliz, con ánimo fuerte y sintiendo más indignación que apocamiento o desaliento, y aun deseando la muerte conserva su vida sin amarla sólo por deber y no por inclinación o miedo, entonces su máxima sí tiene un contenido moral."[51]

Es interesante ver cómo Kant, en el texto dispuesto en el párrafo anterior mantiene que todos tenemos una "inmediata inclinación" pues si todos tienen esa "inclinación" de la que él trata, hay una tendencia innata a la conservación de la vida, incluso en el momento en el que el hombre se deja gobernar por las pasiones. Pero, aunque exista esa tendencia innata, como él expone, no implica obrar según un deber moral pues se obra por placer aunque coincidiera con un deber pero no viven por razón del deber sino conjuntamente con el deber. En cambio, en el momento en el que se pierde el gusto a vivir, y aún así se vive, se obra por razón del deber y, por lo tanto, tiene un contenido moral.

Si pretendemos resumir el contenido de su formulación sobre el valor de la vida, hay que asumir que el hombre tiende naturalmente a la vida y que sin vida no hay ser, ni facultad de desear. Por ello, usar de

---

[51] KANT, I.: *Gesammelte Schriften, IV* (en alemán), De Gruyter , 1978, p. 397; p. 59-60, ISBN: 9783110067866

la libertad y autonomía para arrebatar la vida, tanto a uno mismo como a los demás es un abuso que es moralmente condenable pues la trascendencia de la humanidad en la persona la convierte en un fin para sí mismo, en un valor absoluto que debe ser defendido por encima de los demás valores, pues sin vida, no hay nada.

No obstante, y manteniéndonos en el imperativo categórico, el hombre debe obrar por razón del deber y, por eso, al ser una ética del deber, obrará plenamente de forma moral cuando aún con los padecimientos que pueda sufrir, se mantiene con vida, aun con los padecimientos que provoque alguien, le permite vivir. Por lo tanto, podemos extraer de él una argumentación en defensa del valor absoluto de la vida en relación con cualquier tipo de ataque a la misma, desde el suicidio o la eutanasia (pese a los padecimientos es debido seguir viviendo) o el homicidio.

6.3. El Derecho en relación con la vida

El Derecho, según Kant, será el "conjunto de condiciones en virtud de las cuales la libertad de cada uno puede coordinarse con la libertad de los demás según una ley general de libertad"[52].

---

[52] KANT, I *Metafísica de las costumbres*, «Introducción a la doctrina del derecho», § B

Lo que busca Kant es la realización autónoma del hombre que tiene como punto de partida su propia libertad. Pero el hombre será un animal llamado a comportarse formalmente de forma racional, correctamente, aunque en esa libertad, el hombre no sea siempre capaz de vivir conforme a la razón. Él acuña la "insociable sociabilidad humana", es decir hay una particular condición gregaria en el hombre pese a que no sea de su agrado y le sea difícil mantenerla en paz, por ello necesita un gobernante cuando coexiste con otros porque, por regla general, los hombres no se sujetan a sí mismos, no hacen uso de su libertad según exigencias de racionalidad.

Ese gobernante, en el aspecto de la defensa del valor de la vida, deberá mantener el imperativo categórico, lo que implica dictar que todo hombre actúe respecto de otro hombre de forma que lo trate como fin en sí mismo y, como se ha dicho anteriormente, como un fin último, viviente como valor absoluto con el deber de respeto hacia esa vida que éste manifiesta de forma tendencial.

7. El marxismo y el valor de la vida

7.1. El hombre en el marxismo

El hombre es para el marxismo un mero engranaje en el conjunto social. Para verlo, es necesario entender la sociología marxista. Marx entendía que el hombre participa de un engranaje económico de producción, basando, por lo tanto, todo su sistema en un materialismo, en el que el hombre era una pieza más de este sistema.[53] La finalidad no es el hombre en tanto que individuo sino del hombre en tanto que conjunto, por lo que los intereses individuales quedan superados por los de la colectividad. De esta manera, el hombre, en tanto que ser humano singular, se rinde frente al Estado, que no deberá velar por sus derechos subjetivos (como en Locke) sino, al contrario, acallar la voluntad egoísta del hombre frente a la voluntad social que, paradójicamente, es interpretada y manifestada por el proletariado[54], es decir, lo manifestado por la voluntad de los miembros del aparato del Partido.

7.2. Teoría marxista del Derecho

Para Marx, el Derecho será la manifestación de la voluntad de la clase dominante[55], es decir, las clases dominantes imponen su derecho sobre las clases dominadas con el único propósito de mantener al proletariado en un sometimiento continuo. Dirigiéndose a la clase burguesa, en el Manifiesto Comunista, dirá:

---

[53] ISORNI, M.E. "Los conceptos de hombre y trabajo en Karl Marx y Jean Paul Sartre". Revista Cifra, Universidad Nacional de Santiago del Estero, núm. 6, p.59

[54] MARX, K y ENGELS, F., *El Manifiesto comunista*, Prólogo a la edición alemana de 1872

[55] YURRE, G.R. "La Teoría General del Derecho en el Marxismo". Persona y Derecho, 14 (1986) : 13-86., p. 17

"(...) vuestro derecho no es más que la voluntad de vuestra clase elevada a ley: una voluntad que tiene su contenido y encarnación en las condiciones materiales de vida de vuestra clase."

Por ello, para la teoría marxista, el Derecho no será el objeto de la justicia o la misma cosa justa, sino al contrario, será un instrumento de dominación de clase. Sólo el Derecho en fase revolucionaria podrá orientarse hacia los intereses generales. También el mismo Derecho será una superestructura que ayudará a mantener el Estado y los modos de producción burgueses que, según Marx, deben ser destruidos[56].

Una vez lograda la revolución, el Derecho persistirá pero estará al servicio del proletariado y mantendrá bajo su imperio a la burguesía[57]. Por lo tanto, no cambia su finalidad de dominación, sino que cambiará la clase dominante. Dirá YURRE que "El proletariado necesita del Estado y del derecho para lograr el exterminio de sus enemigos."

Una vez agotado el periodo de transición entre el Estado burgués y el comunista, el Estado y el Derecho desaparecerán ya que, en teoría, dejarían de ser necesarios pues todo el mundo viviría en armonía[58]. Una visión de la extinción del Derecho utópica y que sólo puede

---

[56] Id., p. 22
[57] Id., p. 25
[58] PACHECO, M. "La Teoría Marxista del Estado y del Derecho". Anales de la Facultad de Ciencias Jurídicas y Sociales (Universidad de Chile), Vol. 10 (1970), núm. 10.

persistir en con una definición de Derecho como arma de dominación de clases, sin embargo, el Derecho, en sentido clásico y moderno, no podría desaparecer.

Haciendo un breve inciso en ello, es un claro ejemplo de la modificación terminológica que hace el marxismo, vaciando la palabra Derecho para darle un sentido de instrumento de dominación, reinterpretando la realidad.

7.3. El valor de la vida en el marxismo

Para entender el valor de la vida en el marxismo y en el Derecho marxista, habrá que analizarla a la luz de la teoría política y social comentada ut supra. De este modo, veremos que el hombre, para el marxismo, en la sociedad burguesa es un ser egoísta que vela por sus propios intereses y que no es máximamente libre pues sólo será libre en el momento en el que asuma su carácter genérico dentro de la especie humana y que vea como sus "fuerzas propias" son fuerzas sociales que debe poner al servicio del conjunto.

Desde un punto de vista moral, el hombre deberá romper con la moral burguesa y, por lo tanto, con todo precepto ético o religioso que funden las superestructuras que mantienen el obrar. En este sentido, la vida como valor intrínseco será un dogma a eliminar, así como otros dogmas existentes en la sociedad. Incluso, Marx, hará una voraz crítica a los Derechos del Hombre y del Ciudadano[59], argumentando que "Los derechos del hombre son los derechos del miembro de la sociedad burguesa, es decir, del hombre egoísta, del hombre separado del hombre y de la comunidad"[60].

De igual manera, al ser un materialismo explícito -incluso se denomina al devenir de los pueblos como "materialismo histórico"- , el ser humano no tiene un valor per se, ni su vida, porque el valor de lo material depende del concepto que se tenga de éste, no habiendo un sentido interno que debiéramos adoptar como cierto.

Desde un aspecto político, se podría argumentar que Marx era en cierta manera iuspositivista pues consideraba que la verdadera ley era la impuesta coactivamente por el Estado, no pudiendo ser coercitivo aquello que el Estado no previera como tal y, podemos afirmar, con total rotundidad, que los Estados comunistas como la URSS eran de corte positivista sin lugar a dudas[61]. Por ello, la vida sólo estará protegida en tanto que el derecho asuma que tiene un valor.

---

[59] ATIENZA, "M. Marx y los Derechos Humanos". Cuadernos de la Facultad de Derecho, UIB Vol. 1 (1982), p 17

[60] MARX K. *La cuestión judía, en K. Man-A. Ruge,* Los Anales franco-alemanes,
Martínez Roca, Barcelona,1970, p. 241

[61] YURRE, G.R. "La Teoría General del Derecho en el Marxismo". Persona y Derecho, 14 (1986) : 13-86., p. 83

Finalmente, desde un punto de vista socioeconómico, el hombre participa del proceso productivo y es una parte más, por lo que no tendrá más valor del que genéricamente se da a la vida del hombre en el sistema productivo.

Podríamos decir que en el marxismo se perderse el valor intrínseco de la vida humana. En todos los epígrafes anteriores hemos comprobado como las anteriores teorías filosóficas mantenían un valor a la vida y un derecho objetivo o subjetivo a mantenerla. En cambio, el marxismo no considera que el hombre tenga rectamente derecho a la vida, sino al contrario, que la sociedad en su conjunto, sujeto universal marxista, puede decidir sobre ella.

8. Filosofía contemporánea

8.1. Corrientes filosóficas a caballo entre los siglos XX y XXI

Si el marxismo supuso una revolución filosófica y social, dando un claro comienzo a la filosofía contemporánea, también cabe decir que puso fin a toda una era, abriendo otros modelos de pensamiento que, si bien no rompían del todo con la filosofía anterior, sí que han supuesto un contraste entre ésta y la actual.

Las principales corrientes filosóficas contemporáneas se pueden clasificar en dos grandes conjuntos: la filosofía analítica y la filosofía continental. La filosofía analítica prevalece en los ambientes de influencia anglosajona, con autores como Bertrand Russell, George E. Moore, etc. y sus seguidores, teniendo un interés en el análisis del lenguaje, una posición escéptica de la tradición metafísica, una conexión con la tradición empirista y una aproximación a las ciencias exactas. En cambio, la filosofía continental se desarrolla en la Europa continental, siendo más especulativa, con corrientes tales como la fenomenología, existencialismo, estructuralismo, postestructualismo y la postmodernidad.[62]

8.2. Constructivismo social, bases y fundamentos

El constructivismo es una de los corrientes filosóficos de la filosofía continental, sin embargo, merece una mirada concreta pues está en la base de la ideología de género y es fuente de las discusiones filosóficas actuales sobre múltiples aspectos de la vida, incluso, el valor de la vida misma.[63]

El constructivismo es una teoría epistemológica que argumenta que el individuo construye su propia realidad, es decir, no puede conocer estrictamente la verdad sino que con sus mecanismos cognitivos

---

[62] VON FRITZ, K; REV. MAURER, A; LEVI, A W.; STROLL, A; WOLIN, R (2009). *Western philosophy*. [En línea] Encyclopædia Britannica Online (en inglés), 2017. <https://www.britannica.com/topic/Western-philosophy> [Consulta: 3 febrero 2018]

[63] CREPALDI, G. "La inquietante perspectiva abierta por la ideología de género." Boletín de Doctrina Social de la Iglesia, año 8, n° 17, pp. 3-4

pretende entender lo que sucede a su alrededor, pudiendo también transformarla. Así pues, el mismo acto de conocer, transforma la realidad adaptándola a lo que considera el individuo.[64]

Aunque existen múltiples teorías constructivistas, todas postulan que el individuo crea su realidad pues, no puede conocer la verdad última sino que debe reducirla a lo meramente subjetivo. Para establecer el conocimiento, el hombre usará de sus esquemas mentales (por ejemplo, la estructura familiar de padre-madre-hijos) y distinguirá los elementos de la realidad en base a esto. Por ello, es posible, según esta teoría, disponer de nuevos esquemas que modifiquen la realidad.

8.3. Constructivismo moral, el valor de la vida y los Derechos Humanos

El constructivismo tiene también su vertiente en la moral, los hombres crean sus propios paradigmas y los aplican, considerándolos morales o no según su propio juicio, pues, debemos recordar que están impedidos para conocer la verdad objetiva, y, por lo tanto, cualquier tipo de principios universales que puedan regir los juicios de valor. En una simple mención antropológica, cabría recordar que el hombre "es un ser abierto y capacitado para construir su propia realidad y, en

---

[64] ARAYA, V., ALFARO, M., ANDONEGUI, M.. "Constructivismo: orígenes y perspectivas". Laurus, vol. 13 (2007), núm. 24, p. 77..

particular, su propio conocimiento de la realidad."[65] Por el ello, si el hombre puede construir su realidad, también puede construir los derechos sobre la misma.

B. GREGG, argumenta sobre el constructivismo en los Derechos Humanos que, pese a que pueda haber un consenso sobre el derecho a la vida humana, no existe un consenso sobre lo qué es "vida humana"[66], poniendo ejemplos sobre embriones, manipulación genética, etc. Gregg, propone que estas discusiones no deben dirigirse hacia la búsqueda de unas normas dadas por un ser supremo pues el hombre tiene capacidad para dárselas sin necesidad de acudir a nada más[67] pero de forma local[68], es decir, las comunidades locales (no universalmente) tienen los mismos esquemas y conceptos y podrán darse las soluciones a la particularización de los derechos en ellas. Sin embargo, a ello se le puede aplicar la pregunta de qué es o no justo, pues la muerte es un fenómeno idéntico en todos los lugares del mundo y considerarla correcta o no según la latitud en la que nos encontremos es ilógico si, después, sostenemos, cómo él lo hace, que todos los seres humanos somos iguales. Según el constructivismo moral, no necesariamente,

---

[65] ARAYA, V., ALFARO, M., ANDONEGUI, M.. "Constructivismo: orígenes y perspectivas". Laurus, vol. 13 (2007), núm. 24, p. 83
[66] GREGG, B. *Human rights as social construction*. Cambridge University Press, 2012. p. 3. ISBN: 9781139221368.
[67] Ídem. p. 4.
[68] Ídem. p.3.

pues esos principios universales provendrán de la imaginación y la cultura que nos rodea.⁶⁹

Por ello, el valor de la vida, para el constructivismo moral depende del concepto que se tenga de éste y no se puede objetivar. Supongamos que hay dos islas en medio del océano, si en una se incentiva el canibalismo y en otra se detesta, para el constructivismo, dado que el derecho a la vida dependerá de lo que la sociedad entienda como tal, ambas situaciones serán correctas. Sin embargo, visto desde una perspectiva racional, la vida, como los derechos humanos, no debería variar en valor según el punto geográfico en el que nos encontráramos, sino universalmente definida y valorada según criterios objetivos.

8.4. Peter Singer

Peter Singer es un eticista contemporáneo, profesor universitario australiano especializado en bioética y una de las mentes más influyentes del panorama filosófico actual⁷⁰. Se adhiere a una filosofía utilitarista que ha tenido gran impacto en los conceptos actuales del animalismo o el derecho a la vida.

---

[69] Ídem. p. 4
[70] DREYFUS, H. *The 50 most influential living philosophers*. [En línea]. *The Best Schools*, 2017 <https://thebestschools.org/features/most-influential-living-philosophers/> [Consulta: 7 febrero 2018].

Singer atiende a los intereses de los vivientes para fundamentar su filosofía, es decir, el hombre se moverá por intereses, tales como evitar el dolor, satisfacer sus necesidades, desarrollar ciertas habilidades, etc. Sin embargo, para él, habrá un interés fundamental y primario que estará conectado con la capacidad de sufrir, es decir, el hombre pretenderá evitar el dolor.[71]

En la deriva animalista de Peter Singer con el Proyecto Gran Simio y sus argumentos en defensa de los derechos de los animales, sostendrá sobre el derecho a la vida que existe una cierta graduación del mismo en base a las capacidades del viviente. Es decir, un recién nacido no tiene el mismo derecho a la vida que el mayor de edad, un comatoso no tendría el mismo derecho que una persona sana, por ejemplo.

El valor de la vida dependerá de la capacidad del sujeto que tenga para querer seguir viviendo y también sobre la determinación de si se le considera o no persona. Sobre este último punto, vital en su teoría, podemos ver como dispondrá una clara diferenciación entre el ser humano y la persona, siendo ésta distinta e indiferente respecto del hecho de ser hombre (pudiendo haber personas no-humanas, como los simios, dirá él). Una persona sí tendría derecho a la vida y no se le podría quitar sin su permiso, pero un ser humano, siempre y cuando no sea persona, no es inmoral matarlo.

---

[71] SINGER, P. *Practical ethics*. Cambridge University Press (en inglés), 1979, p.11, ISBN 0-521-22920-0

Lo podemos ver con el silogismo provida:

1. Matar a un ser humano inocente es incorrecto.
2. Un nasciturus es un ser humano, concebido pero no-nacido.
3. Matar a un nasciturus está mal porque es un ser humano.

Aunque la mayor parte del abortismo ataca el silogismo en base a la segunda premisa, es decir, el feto no es humano, no tiene efectos porque el argumento va en contra de la biología misma. Es decir, para el abortista, el ser humano aparece "mágicamente" de un conjunto de células (que no son un ser humano, pese a alimentarse, crecer, moverse y tener un ADN distito) o bien en un momento determinado (a las X semanas, por ejemplo) o por características determinadas (siente dolor, etc.), pero hasta ese momento será sólo material genético. Esta justificación pierde eficacia cuando acudimos a la biología, por lo que Singer no opta por ella.

Singer reconoce que hay un ser humano pero ataca la primera premisa, se cuestiona sobre la inmoralidad de la muerte de un ser humano. El feto no es aún persona, lo cual es lo más relevante, pues tampoco puede preferir vivir morir así que lo deja todo en manos del cálculo utilitario que disponga la madre. Así pues, si a la madre le va a suponer una carga, un sufrimiento, tener el niño, será moral matarlo.[72]

Del mismo modo, también argumenta a favor del infanticidio[73] pues el niño, en edades tempranas, aún no sería consciente para poder escoger sobre vivir o morir y, por ende, deja la decisión a los padres, siempre con un control legal. Aunque sea una postura enormemente drástica, controvertida y notoriamente errónea es remarcable como llega a ser consecuente con su propia teoría, argumentando incluso sobre los tabúes a la luz de su pensamiento.

Finalmente, también tratará la eutanasia[74], argumentando que siempre que sea voluntaria, la disposición de la vida es una facultad que tiene el individuo, por lo que será moral la muerte por eutanasia siempre que se haya expresado así de forma explícita por quién quiera morir o, en caso de no poder nunca expresar su consentimiento, los representantes legales (por ejemplo, personas con malformaciones cerebrales congénitas).

Si bien requiere una crítica detallada, quedaría muy reducida en unas breves líneas cuando supone una visión antagónica de lo

---

[72] SINGER, P., "Abortion", (en inglés) Ted Honderich (ed.), *The Oxford Companion to Philosophy*, Oxford, 1995, pp. 2-3
[73] SINGER, P., "Taking life: humans, Cap. Justifying infanticide and non-voluntary euthanasia" (en inglés) *Practical Ethics*, 2nd edition, Cambridge, 1993, pp. 175-217
[74] SINGER, P., "Taking life: humans, Cap. Justifying voluntary euthanasia" (en inglés) *Practical Ethics*, 2nd edition, Cambridge, 1993, pp. 175-217

postulado en el presente trabajo, así pues, dicha crítica se irá desgranando y comparando a lo largo del trabajo.

II. El valor de la vida en el pensamiento jurídico contemporáneo

1. El valor jurídico de la vida humana en el iuspositivismo

1.1. El iuspositivismo

Sabido es que uno de los postulado y fines del positivismo jurídico se dirige a separar el Derecho positivo de la moral. Es decir, para los iuspositivistas como Hart o Kelsen, sólo será propiamente Derecho aquellas normas que provengan de un ordenamiento positivo, dispuesto por el legislador.

Se opone frontalmente a la existencia de ciertas normas inmanentes, negando la incidencia de un orden metafísico en la sociedad y, por ende, en el mismo Derecho. Será el legislador quien impondrá la verdadera ley, la cual debe cumplirse por el mero hecho de ser obra del mismo.

H.L.A. Hart dijo hallar los usos del término positivismo aplicado a la ley[75]:

1. Las leyes son mandamientos de los seres humanos
2. No hay una necesaria conexión entre ley y moral

---

[75] HART, H.L.A. "Positivism and the Separation of Law and Morals",,*Harvard Law Review*, Vol. 71, No. 4 (1958), pp. 593-629 (en inglés)

3. El estudio del significado de los conceptos legales tiene un valor y debe ser distinguido de otras disciplinas
4. Un sistema legal es un sistema cerrado, un sistema lógico en el que las decisiones correctas pueden ser deducidas de reglas (positivas) predeterminadas sin referencia a consideraciones sociales
5. Los juicios morales no pueden ser defendidos de forma racional o probados

Sin embargo, el iuspositivismo es criticable desde el preciso momento en el que divide la conexión entre ley y moral, pues quien cumple una ley manifiestamente injusta, pese a que se obre conforme a la ley, no obra justamente, y si el ordenamiento jurídico no tiene como finalidad la justicia y la orientación del hombre hacia el bien común, ¿qué lo tendrá?

Tampoco es posible asumir que el Derecho sea un mero sistema cerrado, pues la misma herramienta de la equidad permite a los hombres llegar a una solución justa en el caso concreto, encontrándose ésta en un punto más allá de la estricta aplicación de la ley. También podemos rebatir la argumentación mediante la inclusión de los Principios Generales del Derecho, principios que no son, de ninguna manera, numerus clausus, por lo que, el sistema no puede ser cerrado sino más bien estructurado.

Kelsen defendió el positivismo mediante su Teoría Pura del Derecho[76], con uno de sus principales logros, la llamada Pirámide de Kelsen, una ordenación normativa piramidal que parecía dar sentido al orden positivo, disponiendo que toda normativa jurídica proviene y acata siempre una norma superior que le dará cobertura y validez, yendo desde las normas más simples (como en España las de carácter reglamentario) hasta la norma suprema (la Constitución). Sin embargo, el problema es qué norma da legitimidad a una constitución, a lo cual, Kelsen espera que la dé una constitución anterior en el tiempo, presupuesta:

> "Por ello, y sólo por ello, pertenece la norma al orden jurídico, cuyas normas han sido producidas conforme a esa norma fundante básica.(...) En este sentido, la norma fundante básica es la instauración del hecho fundante de la producción de derecho, y puede ser designada, en este sentido, como constitución con sentido lógico-jurídico, para diferenciarla de la constitución en sentido jurídico-positivo." [77]

Dicho pensador entenderá el Derecho desde el aspecto de ser éste un sistema social que tiene como característica la capacidad sancionadora para mantener su fuerza reguladora.[78] Para ello, expone que la función judicial no es la plasmación del Derecho de forma automática a los hechos sino también argumentar si ese

---

[76] KELSEN, H. *Teoría pura del Derecho*, Universidad Nacional Autónoma de México, 1982, pp. 232-239, ISBN: 9685800324
[77] Ídem, pp. 205-206
[78] Ídem, pp. 38-44

Derecho aplicado es verdadera norma jurídica (proveniente del ordenamiento) o de fuera del mismo (sin aplicabilidad judicial)[79]. También tratará sobre las lagunas en el ordenamiento jurídico, sorprendentemente, negando su existencia.[80]

1.2. Los Derechos Humanos en el iuspositivismo

> "Todo individuo tiene derecho a la vida, a la libertad y a la seguridad de su persona." (Art. 3 DUDH)

La Declaración Universal de los Derechos Humanos es un texto proclamado por la Asamblea General de la Organización de las Naciones Unidas en París, el 10 de diciembre del año 1948 mediante la Resolución 217 A (III). En ella, se engloba un listado de derechos considerados como parte de la "dignidad intrínseca" de la persona. Sin embargo, este elenco de derechos fundamentales del ser humano puede verse constituida de diferente manera según la corriente filosófica en la que nos posicionemos y, por lo tanto, también tendrá diferente fuerza y significación.

---

[79] Ídem, pp. 247
[80] Ídem, pp. 254-258

Shestack propone varias posibles fuentes de los Derechos Humanos[81]:

1. La religión: es posible entender unos inicios de los Derechos Humanos en los textos sagrados de las religiones, sería pues una clara herencia de la cultura judeocristiana en la que el hombre está hecho a imagen y semejanza de Dios mismo. Aceptando una hermandad universal bajo un mismo Padre que da sentido a la existencia e impone la sacralidad de cada una de las vidas, facilita el nacimiento de una concepción de derechos universales. También podemos ver como esta universalidad del Amor de Dios frente a los hombres queda impregnada en la defensa de los derechos de los indios dispuestos por fray Bartolomé de las Casas.

2. La teoría del Derecho Natural: la existencia de unos derechos inalienables e intrínsecos al hombre es propiamente Derecho Natural. Derecho que fue defendido ya en la Antigua Grecia, pasando por Cicerón y Santo Tomás de Aquino, Grocio y otros muchos filósofos. Sin esta existencia de unos derechos intrínsecos al hombre, los cuales ya no son propiamente Derecho objetivo sino que asumen la concepción subjetiva moderna, pueden ser también una válida fuente de los DDHH.

---

[81] SHESTACK, J., "The philosophic foundations of human rights" (en inglés), *Human Rights Quarterly*, Vol. 20 (1988), Núm. 2, pp. 201-234

3. El Derecho Positivo: aunque el iuspositivismo supone una ruptura con las dos anteriores teorías, también es cierto que para ellos el Derecho es sólo Derecho cuando puede ser coercible. Sólo en la medida en que se reconozca el derecho subjetivo en una disposición se podrá avanzar. Por eso, la DUDH aunque es una declaración de principios, sin los tratados posteriores que la desarrollan y obligan a los Estados, no sería posible hablar de una verdadera eficacia jurídica. Aunque esta postura ha sido muy criticada, ha favorecido la aparición de mecanismo que protegen los DDHH.
4. Otras teorías: Shestack también propone como posibles fundamentos de los DDHH el marxismo, la sociología o el utilitarismo.

El profesor Mieczyslaw Maneli considera[82] que sólo la teoría del positivismo legal puede asegurar y defender los derechos individuales y libertades. En consecuencia, sólo ésta puede defender los Derechos Humanos. Mantiene que la coercibilidad de los Derechos Humanos sólo será posible siempre que exista un soberano que los haga valer, siguiendo la teoría de John Austin que obliga a las personas a cumplir la ley por formar parte de la sociedad mientras que el soberano (Estado) no está limitado por las mismas.

---

[82] NICHOLSON, F.J. "Juridical positivism and human rights by Mieczyslaw Maneli", *Boston College International and Comparative Law Review*, Vol. 5(1982), p. 4

Esta postura implica algo cierto: es necesario para el ejercicio de los derechos inherentes al hombre de instituciones que obliguen a los demás a respetarlo. De esta manera, un ejemplo claro lo tenemos en la Constitución Soviética de 1936, en la que, en su artículo 124[83] protegía la libertad religiosa mientras los sacerdotes eran enviados a los gulags al no haber ningún modo de defender esos derechos. Pero la inexistencia de dichas instituciones no implica la inexistencia de los derechos o, más aún, que dichos derechos no estén impresos en una ley, no puede significar que no existan, pues hay derechos inherentes al hombre sin necesidad del establecimiento por disposición legal.

Así pues, el juez Tanaka, hizo un voto particular en 1966 en la Corte Internacional de Justicia en los Casos sobre el Sud-Oeste Africano, argumentado lo siguiente:

> "El principio de la protección de los derechos humanos se deriva del concepto del hombre como persona y su relación con la sociedad que no se puede separar de la naturaleza humana universal. La existencia de los derechos humanos no depende de la voluntad de un Estado; ni internamente sobre sus leyes o sobre cualquier otra medida legislativa, ni a nivel internacional en un tratado o costumbre, en el que la voluntad expresa o tácita de un Estado constituye el elemento esencial. (...) Si una ley existe independientemente de la voluntad de los Estados (...) porque está profundamente arraigada en la conciencia de la humanidad y de

---

[83] Art. 124: *"A fin de garantizar a los ciudadanos la libertad de conciencia, la Iglesia en la URSS está separada del Estado, y la escuela, de la Iglesia. Se reconoce a todos los ciudadanos la libertad de culto y la libertad de propaganda antirreligiosa."*

> cualquier hombre razonable, se puede llamar "ley natural" en contraste con "ley positiva". (...) y, en consecuencia, no puede ser abolida o modificada incluso por su constitución.

Así pues, reconociendo la necesidad de medios de protección expresada en el artículo anterior, también debemos asumir que existen derechos más allá de los Estados que, como soberanos, deben garantizar. Por lo tanto, en los DDHH, los derechos que exponen son una clara manifestación del Derecho Natural pero, los medios de protección sí son, en este caso, fruto del Derecho Positivo y, así, debemos plasmar la importancia del mismo para la construcción del Derecho en unión con un cierto orden universal que todos entienden, pues el estricto cumplimiento de una ley injusta no lleva a obrar bien sino al colapso de la sociedad, como pasó en el caso del Apartheid o de las leyes nacionalsocialistas.

1.3. La vida en el iuspositivismo

Existen varias escuelas iuspositivistas, tales como la Escuela Histórica de Savigny, la Jurisprudencia de Intereses de Ihering, la Escuela de la Exégesis o la Jurisprudencia Analítica de Bentham o Austin. No obstante, todas ellas se caracterizan por la negación de una realidad metafísica que pueda determinar de algún modo la norma positiva.

Ello implica, sobre el valor de la vida, que sólo tendrá valor intrínseco si moralmente lo vemos así, aunque ello no suponga un valor jurídico. El valor jurídico y, por lo tanto, la conversión de ésta en un Bien Jurídico Protegido se dará sólo y en tanto que se disponga legalmente así, por ello, siguiendo el esquema kelseniano, si la Constitución expresa la existencia de un derecho a la vida, todas las normas inferiores deberán protegerla, en cambio, si la misma no explicita nada sobre ello, al no haber una norma coactiva que provoque la fuerza jurídica, no habrá protección a la misma, porque, simplemente, no existirá tal derecho.

Esta postura es la que lleva a la actual situación en la que el derecho a la vida, reconocido en el art. 15 de la Constitución Española, del 27 de diciembre de 1978, es cuestionado por no expresar claramente su significación, es decir, si la palabra "todos" con la que se inicia el texto implica el derecho a la vida de los no-nacidos o en cambio sólo de las personas físicas. De la misma manera, también se cuestiona hoy en día la indisponibilidad del derecho a la vida y, por lo tanto, se halla abierto el debate sobre si es posible o no la eutanasia.

Si nos postuláramos como iuspositivistas, debemos estar dispuestos a entender que sólo debe recibir protección aquello que la norma considere como tal, por lo que, si algo no estuviere en la ley dispuesto, no deberíamos exaltarnos clamando justicia pues, la vida, para el iuspositivista no tiene más valor que la que le queramos dar.

Por ello, es una postura sin razón, que nos dirige hacia la disponibilidad de todo lo existente, y sobretodo, a poder crear y regular a voluntad todo lo que el legislador considere, incluso si ello, supone una crueldad o injusticia.

2. El valor jurídico de la vida humana en el iusnaturalismo

2.1. El iusnaturalismo

El iusnaturalismo es una corriente doctrinal jurídica que asume la existencia de una serie de principios naturales que pueden ser comprendidos por la razón humana y que han de orientar su conducta para una recta ordenación. Si bien tales principios tiene un aspecto altamente ético-moral, ello no implica que no sean Derecho, como pretende alegar el iuspositivismo.

El iusnaturalismo presupone la existencia de un orden metafísico. Esta ordenación que trasciende a la física, implica que existirá también un cierto orden en el naturaleza de las cosas que también tendrá su reflejo en el ser del hombre y le servirá de punto de partida para su actuar. Así pues, es de orden natural que el lobo busque como alimento a la oveja o que los hombres sean seres sociales, aunque de diferente manera. Por ejemplo, argumentar que el hombre es un animal político por naturaleza, tal y como dispuso Aristóteles[84], implica un obrar que proviene del ser del mismo y no porque se lo imponga una determinada disposición. Santo Tomás de Aquino, digno representante del iusnaturalismo, asumirá, al respecto que "los animales irracionales participan de la razón eterna a su manera"[85]. Es decir, la ley es fruto de la razón y los animales irracionales no pueden establecer leyes, sin embargo, por asimilación, es posible decir que ellos también cumplen el orden natural cuando, en realidad, están sometidos o subyugados a dicho orden natural innato en ellos.

Sin embargo, también es cierto que el hombre es el único animal que, pese a poder comprender el orden natural y sus principios, puede elegir entre cumplirlos o no.

Esta capacidad de elegir, también conocida como libre albedrío, no es justificativo alguno de la inexistencia del Derecho natural, al contrario, lo es de la especial condición del hombre entre los animales pues, éste último, puede, no sólo discernir sino también elegir[86]. Pero, cierto es, como se ha dicho, que para poder elegir es necesario primero discernir dichos principios. Santo Tomás apunta la manera de encontrar dichos principios:

---

[84] ARISTÓTELES. *Política*, Gredos, 1998, pp. 46-47, ISBN: 9788424912833
[85] *STh., II-II, q. 91, a. 2.3*
[86] *STh, I-II, q. 19, a.1*

El primer precepto de la ley natural sería buscar el bien y evitar el mal, pues todos apetecen el bien. Y sobre éste se fundarán los demás principios.[87]

Nos dirá que el orden de los preceptos de la ley natural es correlativo al orden de las inclinaciones naturales, en consecuencia, hay una inclinación de todo ser a conservarse, por lo que, "pertenece a la ley natural todo aquello que ayuda a la conservación de la vida humana e impide su destrucción."[88]

También existe una inclinación a los bienes determinados, no sólo a los bienes en abstracto, por lo que se consideran ley natural también "las cosas que la naturaleza ha enseñado a todos los animales"[89], como la conjunción entre los sexos, ejemplificará.

Y, en un tercer estadio, también pertenecerá a la ley natural todo lo que tenga relación con una inclinación propia dela naturaleza racional del hombre, por lo que dirá que "pertenece a la ley natural todo lo que atañe a esta inclinación (racional), como evitar la ignorancia, respetar a los conciudadanos y todo lo demás relacionado con esto."[90]

En una síntesis de la propuesta tomista sobre la ley natural, podemos afirmar que el iusnaturalismo puede extraer los principios mediante la observación del orden natural y las inclinaciones del hombre. Santo

---

[87] *STh, II-II, q. 94, a. 2*
[88] *STh, II-II, q. 94, a. 2*
[89] *STh, II-II, q. 94, a. 2*
[90] *STh, II-II, q. 94, a. 2*

Tomás de Aquino resumirá los principios de Derecho natural en tres grandes áreas:

1. Derecho natural a la búsqueda del bien, tanto en abstracto como en bienes determinados. Así pues, será un bien para el hombre alimentarse, por lo que será de justicia permitir que pueda tomar alimento y, privárselo, contrario a la ley natural.
2. Derecho natural a la autoconservación, cualquier sustancia tiende a conservar su ser si no es por una acción que le impida continuar (v.g., una persona tiende a vivir hasta su muerte natural si no se le mata mediante un agente externo). Por ello, el Derecho debe garantizar la vida del hombre, pues es un principio racional de autoconservación.
3. Derecho natural al desarrollo racional del hombre, permitiendo aquellas actividades a las que tiende por razón de su especial capacidad racional, tales como la educación.

Por lo tanto, las leyes o principios de Derecho natural no son un numerus clausus sino, al contrario, son un conjunto indeterminado que brota de la naturaleza de las cosas. Si bien es cierto que ello puede suponer un problema al concretarlos en abstracto, mediante un método inductivo, los casos concretos revelan al hombre esos principios universales, por ejemplo, la vida.

Se ha llegado a demostrar que los bebés tienen noción de justicia[91], por lo que, es claro que existe una ley innata en el hombre ya que nadie puede educar a un bebé pues no tienen aún capacidad de comprender qué es una ley positiva con claridad, menos aún de comprender una noción abstracta como el concepto de lo justo. Una vez se acepta la existencia de dicha ley natural, se abre la pregunta acerca de la relación entre el Derecho positivo y ésta. A ello trata de responder la Fórmula Radbruch, que fue propuesta por Gustav Radbruch en 1946, pudiendo sintetizarse en que se puede negar la validez de las leyes tremendamente injustas.[92] Con dos formulaciones[93] subsiguientes:

1. Fórmula de la intolerancia: las normas positivas pierden su validez si entran en contradicción directa e intolerable con las leyes de Derecho natural, esta formulación tiene un carácter objetivo, basándose en la ley. Un claro ejemplo sería el ordenamiento jurídico nazi y su manifiesta injusticia, por lo que sus leyes dejaban de ser válidas en términos abstractos.
2. Fórmula de la negación: las leyes que buscan destruir la igualdad entre los hombres no tienen verdadera fuerza

---

[91] DE JORGE, J.. *Los bebés tienen sentido de la justicia con 15 meses*. [En línea] ABC, 2011 <http://www.abc.es/20111010/ciencia/abci-bebes-tienen-sentido-justicia-201110101116.html> [Consulta: 10 febrero 2018]

[92] REYES, M. "La fórmula de Radbruch: Una cuestión de iusnaturalismo". *Nuevos Paradigmas de las Ciencias Sociales Latinoamericanas*. vol. VII (2016), n.º 13, pp. 7 a 26

[93] ALEXY, R.. "Una defensa de la fórmula de Radbruch". *Anuario da Facultade de Dereito*. Universidade da Coruña, (2001), núm. 5, pp. 75-95

jurídica, dicha formulación, al contrario que la anterior, tiene un carácter subjetivo, fundada en la intención del legislador. Siguiendo con el ejemplo anterior, el legislador nazi pretendía actuar contra el Derecho natural por lo que sus leyes eran manifiestamente injustas e inválidas.

Asumiendo esta formulación como correcta, el Derecho positivo actual debe cumplir también con los estándares del Derecho natural y, sin duda, toda ley (o norma) que los contraríe de manera manifiesta, debe ser contundentemente rechazada. Por lo tanto, si la vida es, como se verá a continuación, un principio indispensable del Derecho natural, toda norma que tienda a privar a un ser humano de posibilidad de vivir será antagónica a la consecución de la justicia y a la recta ordenación hacia el Bien y fin último del hombre.

2.3. La vida según el iusnaturalismo

La vida es algo necesario para le existencia del hombre. De esta manera, si el ser humano no está vivo, no se le considera ser humano sino cadáver. Incluso, para el Derecho, el ser humano será persona, pero el cadáver será, a efectos jurídicos, una cosa. Así, por ejemplo, se pueden vender momias o huesos, donar un cuerpo, etc. pero no se puede comprar ni vender a una persona, pues es libre y esa libertad es indisponible incluso para él mismo.

El hombre empieza su existencia en el momento en el que podemos considerar que inicia la vida humana y, su muerte, se dará al extinguirla. Por ello, tanto jurídica como, social, ética y económicamente hablando, es de vital importancia que el ser humano permanezca con vida, pues sin vida no hay hombre, sin hombre no hay sociedad, sin sociedad no hay Derecho.

Así pues, existe un principio de vida. Es decir, el hombre tiende, en estado natural, a vivir. Ahora bien, también es cierto que el ser humano interactúa con el medio y, por lo tanto, puede verse agredido y/o en peligro. De ahí, surge el principio de autoconservación de la vida, el cual nos dice que el hombre tiende también a protegerse de ataques externos contra la misma. Incluso los animales cumplen con dicho principio de autoconservación, aunque ellos no pueden elegir contrariarlo (por ejemplo sacrificándose una oveja para salvar al rebaño huyente).

Este principio natural de vida, implica para el Derecho objetivo, la obligación de crear medios que la protejan y, así, por ejemplo, podemos ver las sanciones penales aplicadas a aquéllos que arrebaten la vida de un hombre (Art. 138 y ss CP) o las medidas administrativas que garantizan la asistencia ante intentos de suicidio. También, en el Derecho subjetivo, vemos la facultad del hombre que tiene a mantenerse con vida, reconocido en el ordenamiento jurídico como se ha contemplado en otros epígrafes. Por otro lado, el principio de vida nos lleva a un principio de autoconservación y, por eso, el Derecho permite la salvaguarda de la propia vida, evitando la condena, en casos de legítima defensa, por ejemplo.

III. La vida humana como hecho jurídico
1. Concepto de ser vivo

El concepto de ser vivo se analizará en base a la filosofía aristotélico-tomista pues el la corriente de pensamiento que tiende a analizar de forma más exhaustiva el hombre y la vida, tanto des de los tratados De Homine o De Anima de Aristóteles como la Suma Teológica de Santo Tomás.

1.1. El ser vivo

Aristóteles dice que "vivir es el ser de los vivientes" (De Anima), es decir, no es algo que el ente haga o posea sino que tiene que ver con lo que él es. Si bien podríamos adentrarnos a la definición de ser vivo desde un mero punto de vista antropológico, lo haremos en un primer lugar a través de la biología pues, para el Derecho, todas las demás ciencias pueden ser una base fundamental para resolver las cuestiones que se plantean.

Se puede definir al ser vivo como un conjunto de organización compleja, que puede relacionarse tanto internamente (entre órganos, por ejemplos) como externamente con el medio que le rodea, dando lugar a las funciones básicas de la vida (nutrición, relación y reproducción), funcionando y actuando por sí mismos sin perder su nivel estructural hasta su muerte.[94] Si bien ésta es una definición propiamente filosófica, pues las definiciones del ser corresponden a la metafísica, existen diferentes elementos que permiten identificar si una cosa es un ser vivo o no, de esta manera, a parte de las funciones vitales que hemos relatado con anterioridad, también existen determinadas acciones que permiten verlo, tales como la organización del conjunto, el autodesarrollo, la adaptación o inadaptación a un medio, etc.

Otra forma de determinación del ser viviente que nos dará la biología es la "autopoiesis", dicho concepto implica que podremos afirmar la existencia de un ser vivo en base a la organización del mismo. Por ello, los seres vivos, lo serán mientras tengan esa capacidad de autoorganización, por lo que, por ejemplo, un cadáver, al no tener capacidad organizativa (v.g., no se renuevan las células muertas), no se considerará vivo. Al contrario, un sistema autopoiético y, por lo tanto, vivo, lo será en tanto que sus moléculas generen la misma red que las produjo y especifiquen su extensión (v.g., el desarrollo de un humano desde el estadio prenatal hasta su vejez va cambiando según la etapa vital correspondiente).[95]

---

[94] KENNETH, H.N.; CONRAD, P.G. "Life: past, present and future", *Philosophical Transactions of the Royal Society B*, Vol. 354, No. 1392, pp. 1923-1939, DOI: 10.1098/rstb.1999.0532.
[95] MATURANA, H y VARELA, F. *De Máquinas y Seres Vivos: Una teoría sobre la organización biológica*. Editorial Universitaria, 1972, ISBN: 9789561118140

Las definiciones que nos da la biología dejan claro qué es un ser vivo pero, incluso más allá del aspecto observable a través de ciencias exactas, la antropología también nos permite conocer qué hay de especial en un ser vivo que lo separa del resto de entes existentes.

El ser vivo realiza una serie de operaciones vitales que son determinantes para especificarlo como tal, así pues, encontramos según la tradición aristotélico-tomista[96], tres grandes actividades que hacen al ser vivo un ser viviente:

1. Automovimiento: es decir, el ser vivo se mueve por sí mismo, no es impulsado por nada, como lo sería un títere o un robot (que necesita de electricidad). Así pues, Santo Tomás dice: *"La vida en los animales resulta evidente. Lo primero, por lo que decimos que un animal vive, es el movimiento que empieza a tener por sí mismo; y decimos que vive mientras manifiesta tener tal movimiento"*[97]. Por ejemplo, caminar, mover una extremidad, el cierre de una hoja al no recibir agua, etc. Incluso en el seno materno, los seres vivos manifiestan automovimiento pues su corazón palpita, incluso aunque la madre no quisiere, por ejemplo.
2. Inmanencia: los seres vivos obran de modo inmanente, esto es, pueden realizar acciones no sólo que se manifiesten en lo externo (acciones transeúntes) provocando que los efectos

---

[96] BÁRTOLI, M. *Antropología filosófica*. Universitat Abat Oliba CEU, 2014.
[97] STh. I, q. 18, a. 1

permanezcan fuera del agente sino también operaciones cuyos efectos y finalidad permanezcan en el sujeto, implica que el fin de la acción son ellos mismos. Por ejemplo, crecer.

3. Unidad: El ente que obra es un solo ser y no un agregado, es una unidad orgánica en la que las partes existen porque existe un todo sustancial. Por ejemplo, en el caso de un electrodoméstico, que es un agregado de entes –como un tornillo-, si lo desmontáramos, el tornillo podría tener otra utilidad distinta porque éste no apareció en la medida en la que surgió el electrodoméstico sino que se le agregó a otros para crear un ente de agregados. En cambio, una extremidad, tal como un pie, no surgiría de la nada sino sólo en la medida en la que un humano ha nacido y ha desarrollado un pie. Por eso, los seres vivos forman una unidad organizada, de la que desde el principio ya están dispuestas todas sus partes, no siendo sustituibles de forma natural.

Existe también un cuarto elemento que algunos autores[98] citan: la organicidad, es decir que se forma un organismo claramente diferenciado de los demás. No obstante, es posible incluirlo dentro del concepto de unidad pues se entiende que la unidad de un ser vivo es intrínsecamente organizada para que pueda ser "organismo".

---

[98] MARTÍNEZ GARCÍA, J.F. *El Hombre, ¿azar o diseño?*, Palibrio, 2012, ISBN: 9781463327088

1.2. Los tipos de vida según la antropología tomista

Santo Tomás asume la teoría aristotélica (expuesta en *De Anima*) por la se clasifican los seres vivos según tres tipos de vida: vegetativa, sensible y racional o intelectiva. Aristóteles se referirá a las facultades propias de los seres que permiten la clasificación anterior como potencias, en II De Anima, afirmando que "vivir tiene muchas acepciones, aunque una sola basta para que un ser viva: Entendimiento, sentido, movimiento y reposo."[99], es decir, nos clasificará los diferentes cuerpos según sus facultades. De ello, Santo Tomás, extraerá que existirán tres géneros del alma[100], de los cuales, cada uno tendrá una perfección mayor que el anterior.

Si bien es cierto que todos los seres vivos mantienen una serie de actividades que los determinan como tales, es decir, las dispuestas en el apartado anterior, los modos de vida de los antedichos seres, según Santo Tomás, se distinguen mediante los grados de los vivientes, esto es, la vida vegetativa (correspondiente a las plantas) será menos perfecta que la vida sensitiva (correspondiente a los animales) porque éstos últimos podrán realizar más operaciones, como el movimiento local. De la misma manera, la vida sensitiva será menos perfecta que la vida racional pues los animales no son capaces de aprehender el conocimiento. En cambio, si observamos lo que sí tiene cada tipo de vida superior, será la facultad de realizar

---

[99] *STh., I, q. 78, a. 1*
[100] *STh., I, q. 78, a. 1*

las actividades de las vidas inferiores. Verbigracia, los animales también se nutren como las plantas, pero no pueden inteligir o, más aún, los hombres también se nutren (como las plantas –vida vegetativa- y animales –vida sensitiva-), tienen posibilidad de moverse localmente (como animales –vida sensitiva-) y, además, pueden razonar, lo cual no lo pueden hacer las vidas inferiores.

Santo Tomás, expondrá[101]:

> "El objeto de las operaciones del alma puede ser analizado en un triple orden:
>
> 1) Pues hay potencias del alma que tienen por objeto único el cuerpo que está unido al alma. Su género es llamado vegetativo en cuanto que la potencia vegetativa no actúa más que sobre el cuerpo al que está unida el alma.
>
> 2) Otro género de las potencias del alma está referido a un objeto más universal, esto es, todo cuerpo sensible, y no solamente el cuerpo que está unido al alma.
>
> 3) Hay un tercer género de potencias cuyo objeto es todavía más universal, puesto que no acaban sólo en el cuerpo sensible, sino que llegan a todo ser sin excepción.
>
> De aquí que resulte evidente que la operación de estos dos últimos géneros de potencias del alma tienen su razón de ser no sólo con respecto a lo unido al alma, sino también a lo extrínseco."

---

[101] *STh., I, q. 78, a. 1*

Así pues, las plantas, actuarán sólo sobre su cuerpo al que estará unido el alma y, por ello, se les tendrá como vegetativas. Los animales, capaces de conocer el mundo sensible y de actividades sobre su cuerpo, serán llamados seres con vida sensible. Finalmente, existirán seres capaces no sólo de conocer lo sensible sino todo lo universal, es decir, vivientes racionales.

1.3. El alma racional

Primeramente, para tratar el alma racional, es necesario desmitificar el concepto de alma como tal. La cultura popular remite al significado de alma como un cierto espíritu que ocupa un lugar físico con una substancia determinada, es decir, una especie de "fantasma" que habita en el interior del hombre y le permite vivir, como si existiera una dualidad por la que se pudiera separar el cuerpo del alma. Sin embargo, esa no es la concepción antropológica del término. Para ello, debemos acudir a Aristóteles, que escribió: "Así pues, de todo esto se deduce con evidencia que el alma es entelequia y forma de aquel sujeto que tiene la posibilidad de convertirse en un ser de tal tipo."[102] Es decir, el alma es un principio de vida, es lo que permite al viviente vivir y al cuerpo tener esa forma.

---

[102] ARISTÓTELES, *De Anima, Lib II*.

Una vez visto el significado de alma, existirán también distintos principios según la perfección del ser. Es decir, el principio de vida permite las potencias del ser y, por lo tanto, las plantas tendrán un alma menos perfecta, el alma vegetativa y, el hombre, el alma racional. Sin embargo, esto no implica que el hombre sea sólo alma, sin duda, el ser humano es un cuerpo que además tiene un principio racional de vida[103] que le permite nutrirse, moverse, sentir, entender, etc. pues para que el alma conozca el mundo sensible desde el hombre, es necesario un cuerpo capaz de conocer, aunque también es cierto que el alma es algo subsistente[104], que, tras la corrupción del cuerpo, sigue existiendo.

1.4. El ser vivo racional, imagen de Dios

La cultura occidental basa todo su entendimiento en valores judeocristianos y, desconocer el significado de los mismos, implica usar los términos de forma arbitraria e imprecisa. Por ello, cabe recordar que el hombre, para la cultura en la que nos hallamos, recibe la consideración de *imago Dei*, quedado así dispuesto en el Capítulo I del Libro del Génesis.

---

[103] *STh, I, q. 75, a. 4*
[104] *STh, I, q. 75, a. 2*

Imagen de Dios es un término que implica cierta semejanza con el Creador aunque de forma imperfecta[105]. Es decir, los hombres no son perfectos como lo es Dios, que es esencia, pero se asemejan a Él pues tienen una capacidad racional de la que carecen los demás seres vivos y que les permite conocer el mundo, no sólo del modo sensible, sino de un modo universal, siendo capaces de aprehender la realidad. Esta capacidad racional, hace al hombre el único ser semejante a Aquél que pudo crear el universo disponiendo, por ejemplo, las leyes de la física con inteligencia.

Se podría plantear la cuestión sobre si los seres irracionales, esto es, distintos al hombre, son también imagen de Dios o, por el contrario, son meras criaturas. Ante ello, Santo Tomás responderá citando a diversos autores (tales como San Agustín de Hipona o Hilario) revelando que la imagen plantea una semejanza más allá de la meramente genérica o accidental. A Dios se le asemejan las cosas bien en cuanto que existen, bien en cuanto que viven, o bien en cuanto que entienden.[106] Pero las dos primeras semejanzas son demasiado genéricas para considerarlas imagen, por eso, sólo la capacidad racional permitirá determinar la semejanza o no de un ser con Dios, por ello, el hombre es el único ser vivo que puede ser considerado imago Dei[107].

---

[105] *STh, I, q. 93, a. 1*
[106] *STh, I, q. 93, a. 2*
[107] *STh, I, q. 93, a. 2*

Cualquier hombre, por lo tanto, es imagen de Dios y, como tal, merece ser respetado. La radical afirmación de que toda vida racional, sea hombre o mujer[108], es hecha a imagen y semejanza de Dios mismo es el pilar fundamental por el que la vida de toda persona, sea concebido, niño, adulto o anciano; pobre o rico; hombre o mujer; es digna y tiene un valor que hay que respetar y proteger. Un valor que trasciende más allá del mundo sensible y que se funda en un principio racional de vida que, siendo un hecho, también será un principio natural por el que todo ser viviente tiende a la vida, aunque no cualquier vida, sino una vida racional, a imagen y semejanza de Dios, por la que todo hombre es de digna condición y merecedor de la protección de la comunidad.

---

[108] *STh, I, q. 93, a. 4*

2. El inicio de la vida

2.1. El inicio según la biología

En los últimos tiempos parece que resulte necesario aclarar ciertas verdades que antaño eran aceptadas de forma común, tal es el caso del inicio de la vida. Acostumbrados a ver como el ser humano procura su autojustificación, ciertos colectivos han optado por negar los orígenes biológicos de la vida humana, sin embargo, en un análisis objetivo, debemos acudir a las ciencias naturales para poder informar correctamente la presente investigación.

La biología afirma[109] que el inicio de la vida humana se da desde el preciso instante de la concepción, momento en el que se unen el óvulo de la madre y el espermatozoide del padre, creando un individuo nuevo[110]. Pese a que se pueda objetar que un individuo no puede ser un conjunto de células, debemos volver a acudir a la definición de ser vivo como organismo independiente que realiza ciertas actividades; primeramente, se desarrollará desde la concepción el individuo y este desarrollo constante no parará hasta el mismo día de la muerte de la persona. El zigoto formará un todo independiente de la madre (con un ADN distinto, un desarrollo distinto, etc.) que sólo dependerá de ella para su alimentación, por

---

[109] LANGMAN, T.W. *Embriología Médica*. Editorial Panamericana, 1999, p. 3. ISBN: 8479032650.
[110] CARLSON, B.M. *Embriología humana y biología del desarrollo*. Elsevier España, 1999 pp. 2. ISBN 9788481744712.

ello, de la misma manera que un comatoso conectado a una máquina de alimentación, formará parte diferenciada del cuerpo de la madre. Más aún, un ser humano no tiene dos corazones, sin embargo, en el embarazo, podremos oír los dos latidos distintos.

En el proceso de desarrollo de la vida humana, hay una conexión entre todas las etapas de la misma, generando una interdependencia[111] de las mismas que nos llevará a no poder separar la fase de la concepción de cualquier otra que le pueda seguir, tal y como la niñez. Uno de los más básicos fundamentos para probar que el inicio de la vida humana, más allá de la interdependencia evolutiva, es la singularidad genética del sujeto; es decir, el concebido no-nacido tiene un contenido genético distinto al de los padres, lo cual es imposible sin la existencia de un nuevo individuo. La unidad del ser implica que los seres vivos no son un agregado de partes y, si hallamos una parte, habrá de haber un todo, para mejor entender, si encontramos un mechón de pelo, deduciremos de forma lógica que pertenece a la persona que tiene el cabello con el ADN del mechón y de ningún otro individuo ni tampoco pudiendo haber sido creado ex nihilo. De la misma manera, si en una prueba forense, se encuentran dos trazas de ADN distintas, cualquiera afirmará que dos sujetos distintos han dejado rastros de ADN. Extrapolándolo a la diferencia genética entre la madre y el no-

---

[111] MOORE, K. L.; PERSAUD, T.V.N. *Embriología clínica*. Ed. Interamericana – Mc Graw-Hill, 2004, p. 1. ISBN: 9788481747256

nato, podemos ver claramente una individualidad que nos lleva a probar la existencia de la vida independiente.

2.2. La fecundación y la vida fetal

La vida humana se transmite mediante la reproducción sexual en la que se producirá la fusión de dos células distintas, los gametos (espermatozoide y óvulo). Una vez fusionados, se formará una nueva célula, el zigoto. Los gametos sólo contienen 23 cromosomas pero el zigoto contendrá el doble, 46, que serán, por lo tanto, los necesarios para la vida[112]. Por ello, al fusionarse los gametos y aparecer el zigoto, el ser humano da inicio a una vida genéticamente independiente.

Una vez concebido, el ser humano pasará por un estadio conocido como vida fetal.[113] Es un proceso gradual e intrauterino mediante el cual se va desarrollando el ser humano para ser apto para la vida fuera del vientre materno. La aptitud del ser humano para vivir o no fuera del vientre materno no lo hace más o menos humano, pues de la misma manera, ciertas personas viven con ayuda de respiradores,

---

[112] CRUZ-COKE, R. "Fundamentos genéticos del comienzo de la vida humana". *Revista Chilena de Pediatría*, vol. 51, núm. 2, 1980, p. 121-124. (p.122)
[113] CRUZ-COKE, R. "Fundamentos genéticos del comienzo de la vida humana". *Revista Chilena de Pediatría*, vol. 51, núm. 2, 1980, p. 121-124. (p.123)

máquinas que los alimentan, etc. y no por ello dejan de ser humanos, simplemente, necesitan de un mecanismo auxiliar que les permita realizar ciertas funciones (v.g., como una persona en coma).

La primera etapa sería el periodo de preimplantanción, conociéndose al ser vivo como blastocito. Al implantarse éste en la pared uterina, conoceremos al ser humano como embrión. En una segunda etapa, de 2 a 3 meses, el ser humano desarrolla órganos y extremidades, conociéndose como feto. En las siguientes etapas, en las que se seguirá conociendo como feto, se acabará de desarrollar el crecimiento necesario.[114]

2.3. Síntesis de las bases sobre el inicio de la vida humana

Primeramente, es importante recalcar que la Genética nos permite determinar que el ser humano es un individuo único en la historia de toda la especie. Por ello, su identidad biológica es un factor crucial para el inicio de la vida.[115]

Es patente que la vida humana tiene un comienzo y un fin. El fin se halla con la muerte y el comienzo se encuentra dentro del vientre

---

[114] CRUZ-COKE, R. "Fundamentos genéticos del comienzo de la vida humana". *Revista Chilena de Pediatría*, vol. 51, núm. 2, 1980, p. 121-124. (p.123)
[115] CRUZ-COKE, R. "Fundamentos genéticos del comienzo de la vida humana". *Revista Chilena de Pediatría*, vol. 51, núm. 2, 1980, p. 121-124. (p.124)

materno. De esta manera, nadie aceptaría que fuera ético matar a una embazada y no castigar por la muerte del niño también porque se comprende fácilmente que el ser humano lo es aún estando en una fase fetal, sin embargo, determinar el comienzo de la vida humana por un sistema de plazos (v.g. a las 11 semanas) es arbitrario[116] porque la interdependencia de todas las fases hacen imposible la consecución de una sin la anterior, estando así las cosas, es necesario acudir al inicio de todo el desarrollo humano que no es otro que la fecundación.

El desarrollo más importante del ser humano se da en la fase fetal mediante la cual se aparecen los órganos vitales y el ser crece de forma exponencial desde un tamaño celular a varias decenas de centímetros y varios kilos de peso. Con la concepción, el desarrollo del individuo se da por sí mismo, siendo acorde con las operaciones vitales (véase apartado 4.1.1): la unidad (pues es un individuo genéticamente único), automovimiento (pues es él mismo el que se mueve, no lo hace la madre) e inmanencia (se desarrolla).

---

[116] CRUZ-COKE, R. "Fundamentos genéticos del comienzo de la vida humana". *Revista Chilena de Pediatría*, vol. 51, núm. 2, 1980, p. 121-124. (p.123)

2.4. La modificación del lenguaje

El uso del lenguaje no es aséptico, sin repercusiones, sino más bien al contrario. El hombre define los términos y los usa según su conveniencia, de manera que sus convicciones e intereses se ven reflejados en él. Así pues, en el inicio de la vida, podemos observar distintas alteraciones del lenguaje para que parezca menos dañino el ataque de un sector de la población a la vida en sus inicios. Sería interesante tratar varios ejemplos de cómo, maliciosamente, se busca el cambio del lenguaje para los propios fines.

Primeramente, el término embrión para designar la fase fetal desde el blastocito hasta la consideración como feto y su valor moral, se han intentado diluir mediante la creación por parte de Clifford Grobstein, en 1979, del concepto de "preembrión". Así pues, se intenta vincular el vocablo con una definición de un estado "pre-humano" para evitar el escándalo ante la experimentación con embriones humanos.[117]

Seguidamente existe un novedoso eufemismo instalado en normativa española sobre el aborto: la Interrupción Voluntaria del Embarazo. El nombre completo de dicha norma es *Ley Orgánica 2/2010, de 3 de marzo, de salud sexual y reproductiva y de la interrupción voluntaria del embarazo*, curiosa es la definición del término aborto. La interrupción, en Derecho, no es sinónimo de extinción, mas al

---

[117]NAVARRO, F. A., *El confuso 'preembrión'* [En línea]. Laboratorio del Lenguaje, 2006. <http://medicablogs.diariomedico.com/laboratorio/2006/09/13/el-poder-del-lenguaje-el-confuso-preembrion/> [Consulta: 20 febrero 2018]

contrario, implica la posibilidad de volver a empezar de nuevo el plazo. En este caso, sin embargo, no hay una interrupción sino una extinción deliberada, consciente y permitida por la norma de la eliminación de un ser humano. La muerte nunca supone una interrupción pero el término aborto implica tanto dolor que se busca evitarlo a toda costa, así pues, no aparece en ningún artículo del cuerpo de la ley, la palabra "aborto" sino que se sustituye por "interrupción", lo cual no es únicamente erróneo sino que se dirige a la búsqueda de un cambio de la concepción negativa del mismo.

Por último, para analizar el fenómeno de la modificación del lenguaje, es necesario ver un nuevo concepto que ha aparecido en los últimos años: el aborto después de nacer (*"after-birth abortion"*). Si ya el aborto implica considerar que el valor del feto es inferior a la disponibilidad de la vida del no-nato por parte de la madre, el aborto post-nacimiento nos dirige a la concepción de la vida del ser humano como algo con un valor variable a placer de los padres, constituyendo, una vez más, un *ius vitae necisque*, pero de forma extralimitada e inhumana. Sin embargo, la consideración de la moralidad de un infanticidio (aunque sea ocultado tras la palabra aborto), es hoy, más que nunca una realidad en discusión constante. Así pues, Alberto Giubilini de la Monash University (Melbourne, Australia) y Francesca Minerva del Oxford Uehiro Centre for Practical Ethics (Reino Unido), publicaron un paper titulado "After-birth abortion: why should the baby life?"[118]. Alegan que el nacimiento del niño no es razón suficiente para evitar su muerte, sino que debería ser permisible en todos los casos en los que el aborto lo es, incluyendo casos en los que el neonato no esté discapacitado.

2.5. El valor del inicio de la vida

Llegados al punto de minusvalorar incluso el valor de la vida humana de los nacidos, resulta necesario volver a analizar el valor de la vida como hecho, no ya como un derecho, sino como un mero hecho que conlleva un valor intrínseco digno de protección cuando se refiere a la vida del hombre como persona que es.

Primeramente, el valor de la vida no puede ser relativo porque entendemos que todos los seres humanos son iguales. Por lo tanto, el valor ético de la muerte de un ser humano no depende de la consideración del ejecutor sino de hecho en sí. Y, si consideramos que todos los seres humanos tienen derechos por igual, quitarle la vida a un recién nacido o quitársela en el vientre materno no puede ser algo sustancialmente distinto, pues el lugar donde se encuentre el ser no varía la moralidad del hecho.

Nos cuestionamos también que la vida de una persona discapacitada no sea tan válida como la vida de una persona sin ninguna discapacidad. Una de las razones más esgrimidas por los abortistas y

---

[118] GIUBILINI, A.; MINERVA, F., "After-birth abortion: why should the baby live?" (en inglés), *Journal of Medical Ethics*, Vol. 39 (2013), pp. 261-263.

colaboracionistas de dichos movimientos reside en que tener una discapacidad es motivo por el que se debe permitir el aborto, como así lo hace la legislación española. Sin embargo, también es cierto que ello implica una selección de la raza, un proceso por el cual sólo los individuos más "capaces" según el criterio establecido son merecedores de entera protección, eso no es sólo arbitrario sino contrario a la igualdad y dignidad intrínseca que posee todo hombre por el mero hecho de existir.

En Derecho Penal, la muerte de un ser humano está penado, sea nacido o no-nacido; existe una gran confusión al respecto en la cultura popular pues el aborto no es legal sino que, en ciertos supuestos, no se castiga. Así pues, el aborto queda penado en los artículos 144 y ss. CP, por lo que la vida del nasciturus es un Bien Jurídico Protegido que hay que respetar. Por lo tanto, surge la pregunta de qué diferencia hay entre un aborto causado con engaño de la mujer o cuando se practica con su consentimiento pero fuera de plazo -los cuales supuestos están penados-, y cuando se produce en los plazos que permite la ley. Surge la cuestión de si el hecho jurídico cambia de forma radical si sucede hasta las catorce semanas (despenalizado) o a las catorce semanas y un día (penado), la arbitrariedad de la ley pone de manifiesto el desconocimiento —o desprecio- del legislador sobre la cuestión del inicio de la vida y, sobretodo, sobre su protección.

La vida humana posee un valor intrínseco que lo protege la legislación, sin embargo, debido a la deriva relativista e individualista de la sociedad, cada vez se hace más relevante la reivindicación de la vida como un Bien Jurídico digno de protección, no sólo por el valor de la misma a nivel moral sino también por la vital importancia que tiene para todo el Derecho ese hecho tan trascendente.

3. El hombre como ser personal

3.1. La persona

El término persona proviene del latín que, etimológicamente, venía a definir una "máscara", también podemos observar el uso de la palabra que le dan los griegos (prósôpon), cuyo significado refiere a "rostro"[119]. Es un concepto filosófico que tiene aplicación alrededor de las demás ciencias, entre ellas, el Derecho.

La palabra persona designa una realidad singular, tal y como ya dijo Boecio, "persona es la sustancia individual de naturaleza racional"[120]. Tras esta definición, existen tres grandes características:

1. Sustantividad: Dice Santo Tomás, "Pues por existir por sí mismo y no estar en otro es llamada subsistencia; pues

---

[119] *Diccionario de la Lengua Española*, RAE
[120] BOECIO, *De Duadibus Naturis*

decimos que subsiste lo que existe en sí mismo y no en otro."[121]

2. Individualidad: La persona es individuo ya que es único en el conjunto, es decir, "Individuo es lo indistinto en sí mismo, pero distinto de los demás".[122]

3. Racionalidad: La persona manifiesta una capacidad racional distinta a las demás sustancias. Como ya se ha tratado en epígrafes anteriores, los hombres son seres de naturaleza racional y, por lo tanto, personas.

Santo Tomás de Aquino define el término diciendo que "persona significa lo que es más perfecto en toda la naturaleza, es decir, el subsistente en naturaleza racional."[123] Mantiene la definición propuesta por Boecio pero, además, recuerda que el término persona debe aplicarse a aquello que es una sustancia perfecta, es decir, una sustancia racional.

Con las diferentes corrientes que niegan los universales, también negaran la existencia del concepto de persona, implicando sólo la prevalencia de lo singular, como es el caso del nominalismo. En la actualidad, el término persona se pretende extender (por ciertos proyectos animalistas) a los simios, considerándolos personas no

---

[121] *STh.*, I, q. 29, a. 2
[122] *STh.*, I, q. 29, a. 4
[123] *STh.*, I, q. 29, a. 3

humanas[124]. No se busca una similitud con los humano, pues las determinan como "no humanas" pero sí con la protección que el Derecho ofrece a las mismas.

3.2. La persona para el Derecho

El término persona, para el Derecho, no se vincula necesariamente con el ser humano, al contrario, "ni todas las personas son hombres ni todos los hombres son personas", es decir, un esclavo no es una persona pese a ser un hombre o, por ejemplo, una sociedad mercantil no es un hombre y sin embargo es considerada persona desde el punto de vista jurídico.

El concepto jurídico de persona se divide en dos subclasificaciones: la persona física y la persona jurídica. Sobre la primera, se entiende en la actualidad, por persona física, a todo ser humano, no obstante, ello ha ido cambiando a lo largo del tiempo pues los esclavos eran considerados *res mancipi* y, por lo tanto, no ostentaban personalidad para el Derecho, provocando, por lo tanto, que no pudieran ser titulares de bienes y derechos. Sobre la persona jurídica, es un ente al que se le reconoce capacidad para ostentar derechos y obligaciones. Por lo tanto, el Derecho le reconocerá y atribuirá

---

[124] ALTARES, G. *La orangutana Sandra y otras "personas no humanas". Causas judiciales en varios países abren una nueva vía en el reconocimiento de los derechos de los animales.* Diario El País [Madrid] (18 de diciembre de 2015)

personalidad jurídica propia permitiéndole actuar como sujeto dentro del tráfico jurídico.

Como se ha expuesto anteriormente, existen ciertos movimientos que pretenden el reconocimiento del término persona no humana en el Derecho para convertir a los animales en sujetos de Derecho. Sin embargo, pese a que los animales puedan ser capaces de ciertas cosas, incluso de comunicarse (como los simios), no lo son de muchas otras que sí que fundamentan la personalidad en el Derecho, como la capacidad de ostentar derechos y obligaciones.

El presupuesto para la existencia de un derecho es la de un deber, por lo tanto, prima la necesidad de asumir deberes antes que derechos subjetivos. Por ello, el animal, que es incapaz de ostentar obligaciones, no puede ser considerado persona. Ello, sin embargo, no quita que las personas físicas y jurídicas no tengan el deber de respetar a los animales, pues, en realidad, los derechos de los animales son deberes para con ellos pero ellos no son titulares de esos derechos porque no son seres capaces de ello.

3.3. Ser persona vs tener personalidad

El artículo 29 del Código Civil común, dice que "el nacimiento determina la personalidad; pero el concebido se tiene por nacido para todos los efectos que le sean favorables, siempre que nazca con las condiciones que expresa el artículo siguiente." Y el artículo 30, fijará que "la personalidad se adquiere en el momento del nacimiento con vida, una vez producido el entero desprendimiento del seno materno." Es decir, en el caso del concepto de persona física para el Derecho, se dará, hoy en día, en base al nacimiento, pero, surge la pregunta de si el término jurídico es el mismo que el término natural.

Así pues, haciendo un ejercicio de suposición, podría existir el caso de un ordenamiento de algún Estado que no reconociera la personalidad a los seres humanos, o incluso sólo a ciertos seres humanos. Ahora bien, aunque el Derecho no le reconociera dicha cualidad, no sería menos cierto que aun así, la tendría. Por ello, el término jurídico es simplemente un medio para actuar en el tráfico jurídico pero no un indicador de la realidad material existente.

Ello implica que incluso fuera del término legal, se podrían dar realidades personales no reconocidas en el término jurídico pero sí el término natural, tales como los concebidos no-nacidos que, pese a no serles reconocida una personalidad física, son sustancias individuales de naturaleza racional, por lo que, también ellos son personas aunque jurídicamente no sea así.

3.4. La persona como fin

La persona, en tanto que ser humano, es un fin en sí mismo que debe ser respetado como tal, no puede ser visto como un medio para una finalidad distinta pues implicaría degradarla a mero objeto, sobre ello, Kant afirmó[125]:

> "El ser humano y, en general todo ser racional, existe como fin en sí mismo, no meramente como un medio para uso caprichoso de esta o aquella voluntad, sino que debe ser considerado siempre al mismo tiempo como fin en todas las acciones, tanto las dirigidas hacia sí mismo como hacia otro ser racional (...). Los seres cuya existencia no depende de nuestra voluntad, sino de la naturaleza, tienen sólo un valor relativo cuando se trata de seres irracionales, y por esto se llaman cosas; pero los seres racionales se denominan personas, porque su naturaleza ya los señala como fines en sí mismos, es decir, como algo que no puede ser usado como medio."

Esta argumentación, que sirve como preámbulo para su imperativo categórico, implica que la persona tiene una especial dignidad y condición que impide a los demás usarla a su conveniencia. Ello implica que el hombre, como persona, no podría ser esclavizado, por ejemplo, o sometido a ciertos tratos que implican su uso como medio.

Un claro caso es la prostitución, en ese caso, el fin de la misma implica el uso claro y directo de la persona como un medio de

---

[125] KANT, I, *Fundamentación de la metafísica de las costumbres*, Santillana, Madrid, 1996 pp. 50-51. ISBN: 9788429450101.

autosatisfacción del que utiliza a la mujer, ello puede verse en que sería posible sustituir a la mujer por un robot y cumpliría la misma función, la autosatisfacción pues no hay donación alguna hacia el otro sino una búsqueda egoísta del propio placer mediante el uso de una persona.

Por ello, toda persona tiene ciertos derechos innatos, como el anterior, que implica también la prohibición de experimentar con ella, v.g., con la experimentación en embriones. Ante esta realidad, debemos postular que es necesario garantizar que el hecho jurídico que implica la vida sea protegido y valorado por ser causa de una personalidad que trae, consigo, una dignidad inherente. Kant dispondrá en su imperativo categórico un modo de obrar coherente con esta posición afirmando que "se deduce el imperativo categórico: obra de tal modo que trates a la humanidad, tanto tu persona como en la de cualquier otro, siempre como fin al mismo tiempo y nunca solamente como un medio."[126]

También sobre tratar a la persona como finalidad en sí misma nos habla San Juan Pablo II, proponiendo inspirar el Derecho hacia una normatividad personalista, es decir, que las normas reflejen una actitud moral hacia las personas:

---

[126] KANT, I, *Fundamentación de la metafísica de las costumbres*, Santillana, Madrid, 1996 pp. 50-51. ISBN: 9788429450101.

> "Esta norma, en su contenido negativo constata que la persona es un bien que no puede ser utilizado, porque no puede ser tratado como un objeto de uso, por lo tanto como un medio. Su contenido positivo se desarrolla paralelamente: la persona es un bien hasta el punto de que sólo el amor constituye la actitud adecuada y completamente válida respecto a él. Es lo que anuncia el mandamiento del amor."[127]

Refleja la necesidad de que el Derecho contemple a la persona como un bien que no debe ser utilizado, implicando que se la deba respetar en todas sus formas y situaciones por ser ésta merecedora del valor inherente de la misma.

3.5. La vida como causa de personalidad

Se ha visto, por lo tanto, como un ser racional no puede ser otra cosa que persona desde el primer momento de su existencia. Por lo tanto, veremos que existe una relación directa entre la vida como hecho y la personalidad.

El ser humano supone una realidad idéntica a la de persona, si acudimos a la definición de Boecio: "persona es la sustancia individual de naturaleza racional"[128], veremos claramente los rasgos de la personalidad en el hombre: sustantividad, individualidad y racionalidad. Por lo que, para la existencia de una persona, es necesaria la existencia de un ser racional. Para la aparición de un ser

---

[127] WOJTYLA, K, *Amor y responsabilidad*, Razón y Fe, Madrid, 1980, pp. 37-38. ISBN: 9788490614822.
[128] BOECIO, *De Duadibus Naturis*

racional, es necesaria la vida; esto es, para la existencia de la persona es necesaria la vida.

El hecho jurídico que supone la vida va más allá que cualquier otro hecho jurídico que se analice pues es necesario para la existencia del hombre y, por lo tanto, para la existencia de la persona. En un grado mayor de abstracción, sin vida, no hay persona y sin persona física, no hay sujeto de Derecho ni tampoco pueden darse las personas jurídicas que son creadas por las personas físicas. Siendo esto así, sin vida, simplemente, no puede haber lugar a Derecho, ya que, sin persona no hay sujeto (ni físico ni jurídico) a quién aplicar la norma o que pueda ostentar facultades conocidas como derechos subjetivos.

En consecuencia, podemos afirmar dos grandes verdades: la vida es la causa de la personalidad y la vida es la causa del Derecho. Esto supone que un ataque a la vida es un ataque, como se verá más adelante, a todo el ordenamiento jurídico y que, sin duda alguna, un golpe de tal magnitud es necesario evitarlo para la autoprotección del sistema jurídico y, evidentemente, para la salvaguarda de la persona como finalidad en sí misma que tiene su necesario origen en la vida.

4. El fin de la vida: la muerte.

4.1. La muerte como concepto

La muerte es el punto final de la existencia terrena del hombre, por lo tanto, se opone al inicio de la vida en la fecundación. La muerte es una situación definitiva en la que el hombre acaba su vida[129] y, según las diferentes tradiciones, continuará existiendo en otro estado distinto (v.g. el Cielo y el Infierno).

Ello es debido a la extinción del proceso homeostático en un ser vivo. El proceso homeostático es una forma de equilibrio dinámico que se da en los seres vivos mediante el cual puede mantener una condición interna estable compensando los cambios en su entorno.

Si bien la persona tiende a vivir, en algún momento esa vida se extinguirá mediante la muerte, bien de forma natural (v.g., la vejez) o bien de forma inducida (v.g., un homicio).Se habla de distintos tipos de muerte según diferentes descripciones médicas de la misma. A lo largo del tiempo, la concepción del momento preciso de la muerte de una persona ha ido cambiando a medida que la ciencia avanzaba en el conocimiento del cuerpo humano, en épocas anteriores se daban casos de catalepsia en los que los cuerpos eran enterrados y morían por asfixia al despertar, por ejemplo. Podemos encontrar tres grandes

---

[129] *Diccionario de la Lengua Española*, RAE

tipos de muerte: la muerte biológica, la muerte clínica y la muerte cerebral.

1. La muerte biológica se dará cuando se producen lesiones cerebrales irreversibles que hacen imposible la recuperación de la respiración y el pulso. La muerte biológica se producirá a partir de los 4 a 15 minutos de la muerte clínica, cuando el cerebro no podrá volver a reactivarse.
2. En contraposición a la muerte biológica, existe la muerte clínica que se producirá cuando los signos vitales cesen su actividad, dejando de latir el corazón y sin respiración. Aún así, las células cerebrales seguirán aún vivas y, por lo tanto, sería posible salvar la vida aplicando métodos para reactivar el bombeo del corazón o la respiración.
3. La muerte cerebral[130] (también conocida como muerte encefálica) es un término novedoso, acuñado en el siglo XX para designar la situación que se da cuando se produce un cese irreversible de las funciones cerebrales aunque permanezca con actividad circulatoria o respiratoria gracias a un soporte artificial. La muerte encefálica implica el cese irreversible de la actividad vital de todo el encéfalo (cerebro,

---

[130] ESCUDERO, D., "Diagnóstico de muerte encefálica", Medicina Intensiva, vol. 33 (2009), N° 4, pp. 185-195.

tallo encefálico y cerebelo) con una comprobación por procedimientos cínicos definidos legalmente[131].

4.2. Las repercusiones del hecho

La muerte tiene diversas repercusiones según el aspecto en que se contemple. Primeramente, en el aspecto social, la muerte afecta a las relaciones del finado con el resto provocando una pérdida, en cierta manera, irreparable. Seguidamente, también afecta en las relaciones jurídicas, pues si la vida es un hecho jurídico necesario y relevante, la muerte también lo será ya que supone el fin de la misma.

En el aspecto antes mencionado, la muerte es un hecho jurídico permanente que se da al fin de otro hecho, la vida. Esto implica el movimiento de todo el ordenamiento jurídico sobre el fallecido para poder determinar la sucesión en su patrimonio u otros elementos importantes como la extinción del matrimonio, por ejemplo.

En el art. 9 del *Real Decreto 1723/2012, de 28 de diciembre, por el que se regulan las actividades de obtención, utilización clínica y coordinación territorial de los órganos humanos destinados al trasplante y se establecen requisitos de calidad y seguridad.*, se define el diagnóstico necesario para declarar la muerte de una

---

[131] BEECHER, H.K., ADAMS, R., BARGER, A.C. y CURRAN, W., "A definition of irreversible coma: report of the Ad Hoc Committee of the Harvard Medical School to examine the definition of brain death" (en ingles), *JAMA*, Vol. 205 (1968), núm.6, pp. 337-340

persona: "La muerte del individuo podrá certificarse tras la confirmación del cese irreversible de las funciones circulatoria y respiratoria o del cese irreversible de las funciones encefálicas." Así pues, viene a confirmar lo dicho anteriormente sobre la muerte encefálica.

De la misma manera, una vez muerto, se extinguirá la personalidad civil tal y como dicta el artículo 32 del Código Civil común, dictando que "la personalidad civil se extingue por la muerte de las personas." Sin persona, por lo tanto, deja de haber un sujeto con derechos subjetivos inherentes y que es también sujeto de Derecho objetivo, así que la muerte es el principal límite del Derecho entorno a la vida.

La muerte supone, según la tradición judeocristiana, la separación del cuerpo y alma, lo cual permite la continuidad en la existencia del alma, que es subsistente. Sin embargo, esa continuidad no implica que la vida más allá de la muerte pueda quedar regulada por un Derecho que es creador por y para la sociedad y la persona. Sin persona física viva, por lo tanto, no puede contemplarse ésta como sujeto de Derecho. Consecuentemente, la muerte es un hecho que debe evitarse por parte del Derecho que debe procurar su autoconservación, por lo que toda acción dirigida a poner fin a la vida de una persona de forma no-natural, es también un ataque al Derecho que debe ser repelido.

IV. La superposición jurídica

1. Base introductoria

El presente documento pretende exponer una nueva base para la Teoría General del Derecho en la que se dé una nueva visión al fundamento del mismo, que es la vida. Sin ella, el Derecho no existiría, pero, incluso podríamos afirmar que el mundo sensible no sería posible pues para que exista algo en un estado determinado de las cosas es necesario que éste sea conocido por un ser cognoscente y, para ello, es necesario un ser vivo, pues los seres inertes no son capaces de captar la realidad. Se requiere de un ser que conozca y sea capaz de entender lo que conoce, por ello, sin vida ni ipso factum esse subsistens, no puede existir nada.

De este modo, aún habiendo un ser eterno y cognosciente, si no hay hombre, no puede haber sociedad, ni Derecho ni generaciones futuras. Por eso, la vida, jurídicamente es de máxima relevancia.

Sin embargo, a lo largo del tiempo, se ha asumido la vida bien como un Derecho objetivo o bien como un Derecho subjetivo aunque se ha fallado, a lo largo de este tiempo, en reconocer que la vida también es un hecho jurídico.

La teoría aquí desarrollada, pretende demostrar, a modo de extrapolación, la posibilidad de una superposición al modo que expone la física cuántica (grosso modo) en la vida a nivel jurídico. Una superposición que se denominará en adelante, superposición jurídica y que es, tal y como se demostrará, la base de todo la Teoría del Derecho y, por lo tanto, del Derecho en sí.

Sobre los anteriores postulados, cabe recalcar que la similitud de la vida con la mecánica cuántica no implica que se dé en un aspecto estricto en la que las partículas puedan ser y no ser a la vez hasta su colapso, pero sí en un plano teórico o, si se desea, metafísico, en el que, con gran inquietud, observamos que la "vida" se comporta de un modo singular. Pese a que al jurista medio no le gusten las singularidades pues dificultan la tarea de resolver las controversias jurídicas, la singularidad del concepto aquí analizado es de vital importancia para el desarrollo del Derecho y la praxis jurídica e, incluso, política.

2. Física cuántica y la vida en superposición

Para comprender la extrapolación de la teoría cuántica al Derecho en la cuestión central de la vida, es necesario primero entender los conceptos teóricos sobre los que se fundamenta la superposición cuántica para su extrapolación a la ciencia jurídica.

La física cuántica plantea la posibilidad de la existencia de una partícula en todos sus estados posibles. Es decir, según el principio matemático de superposición, se puede descomponer un problema lineal en dos problemas más sencillos, de tal manera que del original se obtiene una superposición de estos problemas más sencillos[132]. Ahora bien, la aplicación de este teorema a la mecánica cuántica, implica la posibilidad de que un mismo objeto posea dos o más valores de una realidad observable (v.g. la velocidad y la posición de un cuerpo)[133]. Por lo tanto, un sistema físico, para la mecánica cuántica, existirá en todos sus estados posibles de forma simultanea pero, al medirlo, sólo puede dar uno de los resultados posibles.

---

[132] *The Penguin Dictionary of Physics* (en inglés), ed. Valerie Illingworth, 1991, Penguin Books, Londres. ISBN: 9780140514599.
SILVERMAN, M. P.. *Quantum Superposition: Counterintuitive Consequences of Coherence, Entanglement, and Interference*. The Frontiers Collection (en inglés). Springer, 2008. p. 379. ISBN 9783540718833

Si bien podría parecer que no es extrapolable ni combinable la mecánica cuántica con cuestiones jurídico-filosóficas, cabe recalcar que pese a ser limitado el estudio de esta conexión hasta el momento, científicos e investigadores argumentan que resulta necesario explorar las implicaciones del pensamiento ético y social relacionado a la cuántica[134]. Pese a ser un campo muy extenso, aún no se ha investigado en relación con la ciencia jurídica aunque sí sobre ciencias sociales tales como la sociología o disciplinas como la ética[135].

Para ilustrarlo, E. Schrödinger, en 1935, propuso[136] un experimento teórico conocido como la Paradoja de Schrödinger. En éste, se crea un sistema físico formado por una caja cerrada en la que se introducirá previamente un gato y un dispositivo con veneno que tendrá el 50% de posibilidades de activarse y el 50% de posibilidades de no hacerlo, habiendo un 50% de posibilidades de que el gato esté, al abrir la caja, o muerto o vivo. Mientras la caja contiue cerrada, al no poder observar el interior de la caja, según los principos de la

---

[134] WENDT, A. *Quantum Mind and Social Science. Unifying Physical and Social Ontology* (en inglés), Cambridge University Press, 2015. ISBN: 9781316005163.
[135] ABREU, J.L. y BADII M.H., "La conciencia cuántica como enfoque de estudio de la ética y de las ciencias sociales: Una nueva propuesta de investigación científica para las universidades", *International Journal of Good Conscience*. Vol. 2 (2007). Núm. 2, pp. 21-25.
[136] SCHRÖDINGER, E.. *Die gegenwärtige Situation in der Quantenmechanik* [La situación actual en la mecánica cuántica, en alemán]. Naturwissenschaften, 1935

mecánica cuántica, coexistirán a la vez las dos posibilidades, es decir, el gato estará vivo y muerto a la vez, pero al abrir la caja, la realidad colapsará permitiendo sólo la comprobación de una de ellas, es decir, veremos el gato muerto o vivo.

Lo jurídamente relevante de este experimento y de la mecánica cuántica en general es que coexisten distintos estados de una misma cosa y en la observación es cuando colapsa la realidad en una u otra, pues la acción de observar, de analizar el sistema físico (o, en este caso, la vida), modifica su estado de forma que lo veremos de una u otra manera, como una cara distinta de la misma moneda.

Sin embargo, la principal diferencia entre el colapso de onda de un sistema físico y la observación del Derecho es que, en esta última, sí podemos volver a la situación inicial pues es un sistema abstracto, al cual nos podemos volver a remitir. Para mejor entender, propondré una modificación de esta paradoja para ver claramente la diferencia con la Teoría General del Derecho:

Si en una caja cerrada, se coloca una pizarra blanca y un mecanismo con un rotulador que dibujará o no con una probabilidad del 50% cada una, la pizarra estará pintada y limpia a la vez mientras no se abra la caja, pero en el momento en el que se haga, estará o bien pintada o bien limpia.

Sin embargo, y a diferencia del gato de Schrödinger, siempre podremos borrar la pizarra y volver a la situación inicial.

Ahora bien, si la pizarra fuera la vida, puede observarse en tres estados distintos: como derecho objetivo, como derecho subjetivo y como hecho jurídico. Los tres coexisten al mismo tiempo, los tres son una forma de ver la vida pero, en el Derecho, los aplicaremos, dependiendo del caso, como si fuera uno sólo de ellos.

La vida es el elemento más singular de todos los que la ciencia jurídica estudia pues es la única que podemos ver de esas tres formas y, si no existiera, a la vez, en esos tres estado, no sería posible ni el Derecho, ni la sociedad ni siquiera la observación de la realidad natural.

3. Superposición jurídica: la vida como Derecho objetivo

Es notoriamente conocida la distinción entre el Derecho objetivo y el Derecho subjetivo. Sin embargo, ante la argumentación que le seguirá, intentaremos definir de forma rápida el derecho objetivo.

El Derecho objetivo sería el conjunto de normas que rigen una sociedad, bien siendo fruto de la ordenación de acuerdo con la naturaleza de la cosa, conocido como Derecho natural, o bien fruto del convenio colectivo (privado o público), es decir, del Derecho positivo.

En consecuencia, la vida puede ser vista como un principio bien de Derecho natural, bien de Derecho positivo. Primeramente, el Derecho natural se fundamenta en ciertos principios que es posible anunciar mediante la observación detenida de la naturaleza y, siendo éstos cognoscibles por el ser humano, ser aplicados en su obrar, ordenando su conducta hacia el Bien y fin último del hombre. Atendiendo a esta fundamentación iusnaturalista, si observamos detenidamente a un ser vivo, éste tenderá de forma natural a la vida.

La tendencia de forma natural a la vida se puede postular de forma simple, ya que, un ser vivo tiende a vivir y desarrollarse con el medio siempre que no existan injerencias externas o anomalías que le impidan seguir viviendo. Por lo que es una exigencia del orden natural no injerir en la continuidad de la vida.

Para demostrarlo, supongamos que disponemos de un hábitat esterilizado y con un aire completamente limpio en el que suministramos alimentos perfectamente saludables a un ser humano. Éste morirá sólo por dos causas naturales: o vejez o enfermedad, ambas, causas internas del ser y, por lo tanto, quedando fuera del alcance del Derecho, siendo un hecho natural que provocará la extinción de la persona. Por lo tanto, sin injerencias externas, el ser humano tiende a vivir hasta que su organismo naturalmente le permita.

No obstante, si envenenáramos al sujeto de estudio, moriría por una causa externa provocada voluntariamente, lo cual implicaría romper con un principio natural de vida, pues la actuación deliberada y consciente contra la vida humana atenta contra el Derecho natural.

De la misma manera, la vida, también se protege mediante normas que la sociedad ha creado. Si bien muchas de ellas tienen un trasfondo iusnaturalista, también existe la argumentación iuspositivista (separando la norma positiva de cualquier norma moral o con implicaciones metafísicas). Sin embargo, desde el iuspositivismo, actualmente es innegable la obligatoriedad del respeto de la vida de los demás, así pues, si acudimos a la Declaración Universal de los Derecho Humanos, observaremos que el primer derecho que deben respetar los Estados es la vida humana: "Todo individuo tiene derecho a la vida, a la libertad y a la seguridad de su persona." (Art. 3 DUDH)

Así pues, iuspositivísticamente, también la vida queda hoy configurada como un Derecho objetivo que debe ser objeto de suma protección tanto a nivel internacional como a nivel estatal mediante las Constituciones (v.g. Artículo 15 de la Constitución Española) y Cartas de Derechos (v.g. Artículo 2 Carta de Derechos Fundamentales de la Unión Europea).

El ser humano es un ser vivo y, sin estarlo, ya no se le considera hombre, sino meramente un cadáver, lo cual, para el ordenamiento jurídico, es una cosa (aunque con una especial protección) pues la presencia del ser ya no lo reconocemos en él. Incluso para aquéllos que no consideran la supervivencia del alma al cuerpo, la muerte del hombre implica la desaparición del mismo, quedando ciertos "restos" pero no siendo ya un ser con personalidad propia.

Por ello, si se suele argumentar que la imposición legislativa de una obligación de respetar la vida es fruto de la moral religiosa, debe afirmarse que para el no creyente debería ser también importante la vida pues es lo único que cree existir antes de, para él, la nada eterna. El iuspositivismo, que defiende la postura de radical separación entre la moral y lo jurídico, acercándose más a esta postura escéptica, también se ve forzado a defender la vida, algo que entendemos se puede presumir fácilmente del iusnaturalismo también aquí expuesto.

En consecuencia, la vida puede ser vista como parte integrante del llamado Derecho objetivo tanto desde la forma de Derecho natural avalada por las teorías iusnaturalistas tales como la filosofía aristotélico-tomista y, también, desde la postura iuspositivista, implicando que la vida no está salvaguardada por la moral sino también por el mismo conjunto de normas emanadas de las órganos competentes con fuerza coercitiva para hacer cumplir un principal mandato: el ser humano viviente debe vivir.

4. Superposición jurídica: la vida como Derecho subjetivo

Si bien la vida tiene un aspecto fundamental en el Derecho objetivo, tal y como se ha visto, también existe otra importante cara de la moneda, la vida como un derecho (subjetivo). El derecho subjetivo lo podemos definir como una facultad que bien puede ser vista como concesión del Derecho positivo o bien como una parte inherente de la persona. Por ejemplo, desde una posición iuspositivista, el derecho[137] a la vida es una facultad que el legislador ha tenido la consideración de regular y conceder al individuo. Si ésta no estuviera concedida, no habría tal derecho según una postura iuspositivista. En cambio, iusnaturalísticamente, el derecho a la vida es una facultad inherente al ser humano que proviene de un principio natural que lo inclina a vivir y a autoconservarse.

El derecho a la vida implica, desde la perspectiva de la persona, la posibilidad de mantenerse con vida sin injerencias externas. Sin

---

[137] Nótese la minúscula inicial, signo y referencia del derecho subjetivo.

embargo, algunos podrían alegar que también existe, mediante éste, un derecho a disponer sobre esa facultad aunque ello sea discutible. Primeramente, el derecho subjetivo es una facultad otorgada sobre un determinado bien jurídico o relación, para que dentro de unos límites más o menos amplios, actúe libremente pero siempre sin provocar la transgresión de sus derechos y los derechos de los demás. Por ello, es ilícito disponer de la propia vida de un modo contrario a la razón natural.

Si el hombre actúa contrariando los principios de Derecho natural por los que el hombre tiende a vivir y debe seguir viviendo por razón de naturaleza, el disponer de la vida de tal modo que implique una extinción de la misma es ilícito tanto en la disposición de la propia como de la de los demás.

De esta manera, si acudimos a Santo Tomás de Aquino, veremos que argumenta la ilicitud del suicidio[138] desde tres aspectos distintos:
- Es contrario al Derecho natural inherente al suicida
- Es contrario al bien de la sociedad, también como Aristóteles[139] dice
- Es contrario al orden eterno, pues la vida le viene dada al hombre, no es propietario de la misma sino más bien un administrador

---

[138] *STh, II-II, q. 64, a. 5*
[139] ARISTÓTELES, *Ética de Nicómaco, Lib. V*

También es injusto disponer de la vida de los demás, pues es un derecho inherente al hombre y, transgredirlo, supone un ataque al mismo.

En consecuencia, la vida, como derecho subjetivo, implica que el ser humano tiene derecho a seguir viviendo pero no que pueda disponer absolutamente de ella pues los derechos no son absolutos, existen límites a los mismos para la conservación del ser y de la sociedad. Si no fuera así, podríamos quemar nuestra casa aunque ello implicará un riesgo para la sociedad y nuestros vecinos. Así pues, de la misma manera que no podemos actuar fuera de un marco aceptable para proteger al conjunto y a nosotros mismos, tampoco podemos disponer libremente de un hecho, del que no somos propietarios ni creadores sino que viene dado y que es generador de la sociedad y de la propia existencia humana.

Por ello, el derecho subjetivo a la vida es un derecho que garantiza al hombre poder seguir viviendo, es más bien premisa necesaria para el verdadero significado del derecho a la vida, que no es la disposición de la misma sino la facultad de autoconservación que tiene el hombre. Es decir, el derecho a la vida tiene un contenido que conduce a la salvaguarda de la misma pues, el hombre tiende a vivir y es lícito que se proteja de todas aquellas acciones que le impiden continuar viviendo. Por ello, la vida es presupuesto de cualquier otro derecho.

Podríamos definir el derecho a la vida como la facultad que tiene de forma inherente el hombre para reclamar su autoconservación y, hacerla valer por los medios que fueran necesarios en caso de verse en peligro de perderla.

Gracias a ello, se permite la legítima defensa, porque el hombre tiene derecho a proteger su vida, incluso a no culparle penalmente por decidir proteger la suya por encima de la de los demás en estado de necesidad; pero lo que resulta imposible concebir es que el derecho a la vida se utilice en un sentido negativo para poder privar de la misma.

Esto, se debe a que el derecho subjetivo, tiene siempre una naturaleza positiva. Si analizamos el derecho a la propiedad, como ejemplo, existe una facultad que posibilita al hombre ser propietario y una obligación del resto a permitirle el ejercicio de su derecho pero no existe un derecho a la no-propiedad, aunque fácticamente se pueda no tener nada.

Asumiendo pues, que la vida tiene una forma de derecho subjetivo positivo que permite la salvaguarda de la misma, hay que asumir que convive junto con la existencia en el mismo momento de un Derecho objetivo a la vida visto en el anterior epígrafe. Aún así, sólo podremos con la observación concreta ver la vida en una de estas dos formas aunque ambas sean ciertas y existentes a la vez.

5. Superposición jurídica: la vida como hecho jurídico

La vida es el único derecho que es, a la vez, un hecho jurídico. Y, aunque existiere en un futuro otro hecho que fuere un derecho también, sería un hecho contingente, podríamos obviarlo y no pasaría nada, en cambio, obviar la vida implica obviarlo todo.

Un hecho jurídico es todo fenómeno de la naturaleza o del comportamiento humano que el legislador considere atribuirle consecuencia jurídica.[140] La vida es un fenómeno natural pero que tiene infinitas consecuencias jurídicas, no es un mero acto del que puedan derivar consecuencias jurídicas, como sí es la muerte, la cual extinguirá relaciones, dará pie a la sucesión, etc. pero no se pararía el mundo si nadie muriera. En cambio, si no hay vida, no hay Derecho, de ninguna clase, porque para que se pueda aplicar el Derecho es necesario un sujeto.

---

[140] CONTRERAS LÓPEZ, R. *Breve reseña de la teoría del acto jurídico y el impacto de la teoría de la inexistencia y nulidades según Bonnecase* [En línea]. *Centro de Estudios Superiores en materia de Derecho Fiscal y Administrativo, TFJA.*
<http://cesmdfa.tfja.gob.mx/investigaciones/historico/pdf/breverese%C3%B1adelateoriadelactojuridica.pdf> [Consulta: 1 marzo 2018]

Por ello, las características de este hecho jurídico son dos:
1. Es un hecho jurídico altamente relevante: con el inicio de la vida, el Derecho empieza a iniciar sus mecanismos de protección y de regulación, desde el *nasciturus* (concebido no-nacido) hasta el último aliento, el Derecho regula y protege la vida del no-nacido, del niño, del adulto y del anciano. Incluso, como consecuencia de la muerte (es decir, la extinción de la vida existida), el Derecho abre paso a la sucesión hacia otros vivos que recibirán obligaciones, patrimonio, etc.

También a nivel social, económico y político es un hecho necesario, pues sin vida no hay persona, sin persona no hay sociedad y sin sociedad, no hay economía, ni política. Es decir, sin vida, no hay nada.

2. Es un hecho jurídico necesario: sin que este hecho suceda, el Derecho no puede existir (*ex facto oritur ius* -del hecho aparece el Derecho-) porque el Derecho es fruto de los hombres vivos que lo crean, lo aplican y están sujetos al mismo. Supongamos que no nacieran más personas, en ese caso, todo desaparecería, no habría individuos ni sociedad, lenguaje ni cultura, economía, política, arte, nada. Incluso, no podríamos probar la existencia del universo porque no lo podríamos percibir. Ello, aplicado al Derecho implica que sin vida, no puede haber sujeto de Derecho, pero también algo más importe, no habría Derecho, no en sentido concreto

como propone el aforismo latino dispuesto ut supra, sino en un sentido absoluto, no habría Derecho ni Justicia particular o distributiva.

Por ello, la vida, como hecho, es coexistente con el Derecho objetivo y el subjetivo pero, a la vez, también es un presupuesto de ambos, igual que estos garantes de ella.

Por ello, podemos afirmar que la vida es el único elemento que tratamos jurídicamente y que es, a la vez, Derecho objetivo, subjetivo y un hecho concreto. Pero un hecho distinto a todos los demás hechos jurídicos pues es más relevante que el resto y necesario para la existencia del Derecho. Se podría definir en este aspecto como un hecho jurídico que es causa del Derecho objetivo y subjetivo pero no es superior a éstos sino coexistente junto a ellos; siendo, la vida, el mismo concepto en tres estados distintos.

6. La vida como lo justo

Asumiendo lo anterior, también debemos recoger la noción de lo justo que Santo Tomás recoge, la cual es propiamente aristotélica, pero que es consecuencia necesaria de lo expuesto en los tres distintos aspectos. En la cuestión sobre la justicia, recoge que "el acto de la justicia, referido a la propia materia y al sujeto, se expresa cuando se dice que da su derecho a cada uno; porque, como dice Isidoro en el libro Etymol., llámase justo porque guarda el derecho"[141].

Por ello, la vida, que es en sí el principal hecho que permite la existencia, el primer derecho subjetivo que abre la posibilidad de darse los demás y el principio por el que todo viviente se rige; no es solamente algo connatural al hombre sino que es propiamente lo debido al otro. Para ello, veremos como el tomismo entiende que "en nuestras acciones se llama justo a aquello que, según alguna igualdad, corresponde a otro"[142], eso será el Derecho y, por consiguiente, "es manifiesto que el derecho es el objeto de la justicia"[143].

Si la vida es un derecho tanto subjetivo como un principio fundamental del Derecho natural, la vida será lo debido a otro, será Derecho, será lo justo.

---

[141] STh, II-II, q. 64, a. 1
[142] STh, II-II, q. 57, a. 1
[143] STh, II-II, q. 57, a. 1

7. Implicaciones de la superposición jurídica

La vida es, como se ha demostrado, el único elemento estudiado por la ciencia jurídica que tiene tres formas distintas y coexistentes en el mismo momento. Ello implica que la vida es un Derecho objetivo, subjetivo y hecho jurídico relevante y necesario a la vez y, aunque lo observemos en un momento determinado como una u otra forma, las dos restantes siguen estando presentes tras la realidad colapsada (en términos cuánticos), es decir, tras la forma observada.

No es un elemento o derecho ecléctico, ya que supondría una combinación de las tres formas, pero no se combinan, coexisten de forma separada en la misma realidad y, al analizar una de ellas, no se entremezclan con las otras, aunque permanezcan tras ella. Si leemos una carta, por ejemplo, empezando por el anverso, el reverso no deja de existir, simplemente no lo tenemos en cuenta. Siguiendo con el ejemplo, las palabras no se entremezclan, coexisten separadas pero formando un texto, así pues, las formas jurídicas de la vida, coexisten formando un elemento único para el Derecho, con repercusión en todos los ámbitos de las manifestaciones humanas.

8. La Pirámide de superposición jurídica

La importancia de esta conclusión está en que la Teoría General de Derecho da un paso adelante, evoluciona hacia una clasificación del Derecho más completa que las que hemos descrito hasta ahora. Ello se debe a que la vida, como elemento fundamental e iniciador de todo lo demás, se debe colocar como fuente principal del Derecho[144].

A nivel de protección jurídica, es evidente que si la vida es el bien jurídico superior en todos los órdenes, si es el hecho jurídico iniciador de todo el Derecho, debe ser protegida por encima de cualquier otro derecho pues, sin ella, no existiría ese derecho que entra en conflicto. Es fundamental para la coherencia de la doctrina jurídica y la aplicación normativa que la vida sea salvaguardada por todos los motivos expuestos en estas páginas.

Se encuentra por encima porque es la vida la que permite la existencia de sujetos que creen y se sometan al Derecho objetivo (incluso el Derecho natural necesita de personas que se ordenen a él para darle cumplimiento) y de derechos subjetivos frente a otros. Justo por debajo de la vida, se encuentra el Los derechos a la personalidad (v.g., personalidad física, estado civil –nombre,

---

[144] MUÑOZ OSORIO, LAURA V., *"Sobre la Teoría pura del Derecho y la verdadera Pirámide planteada por Hans Kelsen"*, Biblioteca *Jurídica Virtual del Instituto de Investigaciones Jurídicas de la UNAM*, núm. 256, p. 173-187

capacidad, etc.-), pues son fundamento para que se apliquen los derechos subjetivos o se le aplique el Derecho objetivo a una persona, pues un animal no es poseedor de derechos subjetivos ni se le puede exigir que se someta al imperio de la Ley,

Como se puede apreciar, esta perspectiva no elimina las teorías sobre las fuentes jurídicas que rigen la doctrina, sino al contrario, las unifica en una gran pirámide en la que su punto de confluencia es la vida, como vértice fundamental. Consecuentemente, todo ataque a la misma es un ataque a la estructura del Derecho, una desprotección de la vida es, también, agrietar el entramado jurídico. A sensu contrario, una defensa de la vida es una apología del Derecho, su fortalecimiento y, además, el estricto cumplimiento del mismo.

9. Vida en abstracto vs vida individual

Algunos podrían argumentar que todo lo dispuesto anteriormente es solamente válido en aquellos casos en los que la vida es vista como un concepto abstracto y, cuando se materializa en las diferentes situaciones concretas que se puedan dar, el tratamiento que le debemos dar es distinto, sin embargo, no es así.

Aunque la vida es un concepto, también es un hecho y las consecuencias de la misma son concretas y, de la misma manera, la incidencia de los ataques a la vida no se da en el plano inmaterial sino en la realidad sensible. Verbigracia, al matar, no se mata a un concepto etéreo sino a un individuo concreto que lo singularizaba y le daba existencia sensible. Por eso, todo ataque singular, implica un ataque abstracto, pues la vida sólo se manifiesta en los miembros de la especie y, resulta evidente que, el menoscabo a esos principios abstractos, al derecho subjetivo o al mismo hecho que supone sólo se dan a través de hechos singulares que afectan a vidas determinadas.

Se podría también argumentar que existen ciertas vidas concretas que no tienen el mismo valor que las demás o que, por ciertas cuestiones, han perdido esa valía y pueden ser extinguidas. Sin embargo, todo ser humano es digno por el hecho de serlo, por el hecho de ser persona, siendo ello un concepto arraigado en el ideario social y que emana propiamente de la idea de que todo hombre es creado a "imagen y semejanza de Dios" –lo cual, por provenir de una base revelada, es menos cierto-. Todos los seres humanos tienen la misma dignidad y deben poder tener las mismas oportunidades, así pues, si alguien considerara que ciertas personas por el color de su piel, capacidad intelectual, etc. no tienen el mismo valor que el resto y pueden ser erradicadas, pensaríamos que es una ideología dañina e incorrecta, como el nazismo, por ejemplo.

Partiendo de la base de que todo el mundo tiene el mismo valor intrínseco y, por lo tanto, las mismas posibilidades de seguir viviendo, no podemos tratar ciertas vidas como si no merecieran ser vividas pues, como se viene demostrando en todo el presente argumento, existe un principio de vida que es generador de los demás derechos y atacándolo, atacamos todo el ordenamiento, toda la existencia individual e, incluso, generamos un perjuicio en la sociedad.

Consecuentemente, al estar intrínsecamente vinculadas la vida en abstracto y su manifestación en los individuos concretos, extinguir a voluntad la de éstos, implica atacar ese concepto abstracto que es fundamento del Derecho, de la existencia humana y de la sociedad.

10. Consecuencias de la Pirámide de superposición

La Pirámide de superposición no supone una ruptura con toda la Teoría General del Derecho sino, al contrario, lleva a dos consecuencias fundamentales: la integración del Derecho objetivo y subjetivo bajo el mismo techo y la elevación de la vida al lugar que le corresponde como hecho jurídico necesario para la existencia de todo lo demás.

Primeramente, la pirámide dispone como elemento capital de la teoría a la vida en sus tres formas distintas. Las formas jurídicas, también pudiendo ser vistas como naturalezas jurídicas, son tres manifestaciones del mismo concepto que coexisten a la vez y dan pie, como hecho necesario al Derecho en general y como Derecho objetivo y subjetivo a las consiguientes clasificaciones. Bajo un mismo elemento, aparecerá todo el Derecho, sin mezclarse, pero enlazados por una ascendencia común.

Se ha expresado también la posibilidad de situar los derechos a la personalidad (como el ser reconocido persona) justo debajo por ser necesario para ser sujeto del Derecho objetivo y titular de derechos subjetivos, sin embargo, esta mención es de poca importancia en comparación con la elevación de la vida a su justo estadio en relación a las normas y derechos existentes.

Como segunda consecuencia, se da la elevación de la vida a un lugar distinto hasta el ahora considerado por el ordenamiento. Si bien la vida puede verse como el principal derecho subjetivo, pues suele encontrarse el primero en las declaraciones de derechos, no se había entendido como algo distinto a esos derechos pero, vista la singularidad de la superposición que sólo es posible en la vida, debe encontrarse por encima por ser vínculo con el resto del ordenamiento.

También desde el punto de vista objetivo, se suelen organizar las normas en base a la Pirámide de Kelsen pero la constitución política de una sociedad, como base para ser la primera fuente es falsa, ya que, sin vida no habría constitución posible ni ciudadanos sujetos a la misma, por eso, el principio de vida se eleva por encima de ésta, lo cual no fue considerado por dicho jurista.

Finalmente, como hecho jurídico, se sabe que lo es pero no se tiene en cuenta en la formulación de las normas contemporáneas pese a ser relevante y necesario para la existencia del Derecho, por ello y por ser imposible separar las tres dimensiones de la vida, también queda incorporado en la pirámide.

V. Conclusión

El propósito inicial del presente trabajo era analizar el valor de la vida a lo largo de la concepción de la misma por autores relevantes que argumentaran sobre ella tanto como Derecho objetivo como derecho subjetivo, sin embargo, al comprobar también su valor esencial como hecho jurídico surgió la cuestión sobre la combinación de los tres aspectos de la vida antes dispuestos y qué nivel de importancia debía tener la protección de la misma en sus diferentes etapas.

Si mantenemos el orden cronológico de las concepciones de la vida, deberíamos acudir primeramente a su forma de Derecho objetivo. A lo largo de la historia, los primeros autores analizados (desde los primeros romanistas hasta finales de la escolástica), tanto filósofos puros como juristas, asumen la concepción de vida como un Derecho objetivo, un *ius*. Ello indica que la vida se concibe como un principio del viviente que le permite seguir viviendo y que debe ser respetado, así pues, encontramos ciertos ejemplos del respeto a esa vida tanto en el Derecho Romano (v.g. la *Lex Caesaria*) o también la argumentación tomista sobre la misma. Esta concepción, con el paso del tiempo no se pierde o confunde con las siguientes sino que se mantendrá intacta la argumentación de la vida como principio a seguir.

Posteriormente, a partir de Hobbes, la concepción del Derecho (no sólo de la vida) se modifica para verse como una facultad del individuo y, por lo tanto, surgirán los derechos subjetivos. Sobre éstos, en concreto aparece como principal en los diferentes autores tratados, la fundamentación de una facultad de autoconservación que tendrá el individuo en un estado de naturaleza para los contractualistas o una facultad de autoconservación a respetar según lo dispuesto por el imperativo categórico kantiano, por ejemplo. Como derecho sujetivo, la vida no ha sido considerada nunca disponible pues afecta a múltiples relaciones que quedarían expuestas a su desaparición o causaría daños a los demás. De esta manera, se ha comprobado como la legislación, hasta finales del siglo XX fue restrictiva en ese aspecto, llegando a castigar, como es el caso de Reino Unido, el suicidio.

Actualmente, sin embargo, también existen autores que no consideran que el derecho a la vida tenga un valor intrínseco sino que depende de la consideración subjetiva que se tenga sobre éste, tal y como propone Singer y sus seguidores. Aceptando así, por ejemplo, teorías sobre la eticidad del infanticidio en base a la disponibilidad de esa vida que podrá tener la progenitora sobre ella. De la misma manera, se ha argumentado en contra de esta postura, manteniendo que la vida es un principio inherente al viviente y que, tal y como se ha visto, tiene un valor de gran significación moral y jurídica.

En base a la argumentación presentada en el trabajo, debemos afirmar que la vida es, a la vez, un hecho jurídico necesario y relevante, si bien los autores no han tratado la vida como hecho más allá de ser un punto inicial para la defensa de su postulación sobre la vida como derecho. Pero, aunque lo evidente no fuera probado por anteriores filósofos, hoy surge la necesidad de fundamentar esa realidad para lograr una plenitud en la visión de la vida y sus formas. Se puede determinar que la vida es un hecho que tiene efectos jurídicos sin el cual no podría existir ni sujeto de Derecho ni el Derecho positivo, ya que para la existencia de un cuerpo legislativo, es necesario un legislador que cree la norma y un sujeto al que se dirija la misma. Incluso, se puede tratar la vida como lo debido a otro, es decir, es verdadero objeto de la justicia; es lo justo. Tal y como se ha dicho, la vida es un elemento determinante para la existencia de cualquier otro derecho y, por lo tanto, ante esa singular condición, argumentamos a favor de su protección y su valor intrínseco.

Los tres aspectos antes referenciados, esto es, la vida como Derecho objetivo, subjetivo y hecho jurídico necesario y relevante no se confunden sino que mantienen una íntegra ordenación separada pero interrelacionada. Es decir, se ha descubierto que la vida es un elemento extraordinariamente único en el Derecho que resulta ser tres aspectos distintos a la vez. Extrapolando la teoría de la superposición cuántica, la vida es a la vez un Derecho objetivo, subjetivo y un hecho jurídico pero en el momento en el que colapsa en un estado determinado, es decir, se observa desde una de sus caras, la podemos aplicar en la práctica. Sin embargo, ello no implica que los otros dos estados dejen de existir sino que se mantienen superpuestos, convirtiendo la vida en el único elemento que permite la superposición jurídica y que vincula los tres grandes aspectos de la Teoría General del Derecho (Derecho positivo, subjetivo y hechos). Se ha llegado a plantear una nueva estructuración del Derecho mediante la cual la vida sería el vórtice central de las tres grandes áreas antedichas.

La superposición jurídica de la vida implica la necesaria protección de ésta para garantizar la existencia de todos los demás derechos y, sin duda, para lograr la justicia. Así pues, sin vida no habría lugar a los otros derechos subjetivos ni de personalidad y no habría posibilidad de establecer Derecho objetivo por la falta del hecho jurídico necesario para la existencia y, en consecuencia, de los mismos sujetos de Derecho.

Pese a que la teoría es sólida, ya que se basa en la mera observación conjunta de las tres realidades que conforman la vida, también se podría alegar que o bien la superposición jurídica no es tal, o bien se da en otros bienes jurídicos y, por lo tanto, no tendría mayor importancia.

Ante la primera objeción, a lo largo de los anteriores epígrafes se ha razonado la existencia de las tres dimensiones jurídicas a la vez, y, si se analiza en profundidad, se verá que es una teoría verídica, pues no se da una combinación de ninguna (eclecticismo) al reclamar el ejercicio de un derecho, o al ver un nacimiento o al obligar al cumplimiento de una determinada norma, al contrario, sólo se da en uno de esos aspectos concretos al ser observados (superposición) pese a que, conscientes de ello, los otros estados coexistan en silencio.

Ante la segunda objeción, no es del todo acertada. Primeramente, es cierto que en algún otro caso excepcional se pueda ver esta triple combinación, por ejemplo en la posesión. En dicho caso, la posesión puede ser vista como un hecho, como un derecho subjetivo y como un principio protegido por la norma, sin embargo, la mera posesión como hecho es conocida como mera tenencia de la cosa o posesión natural y la posesión que es protegida por el Derecho sería la posesión civil, tal y como expresa el Artículo 430 del Código Civil español: "Posesión natural es la tenencia de una cosa o el disfrute de un derecho por una persona. Posesión civil es esa misma tenencia o disfrute unidos a la intención de haber la cosa o derecho como suyos."

A efectos prácticos, es la naturaleza ecléctica de la posesión la que permite verla como hecho y derecho, es decir, es la combinación del hecho, junto con el derecho lo que crea la posesión protegida por el Derecho (posesión civil) pese a existir una tenencia que no está protegida (posesión natural). Por ello, aquí se daría, en el plano abstracto, una situación ecléctica (combinación de formas jurídicas) y no una superposición jurídica.

E, incluso, aunque se considerara erróneamente la posesión como superposición jurídica, nunca llegaría a ser un hecho necesario y relevante para la existencia del Derecho y de la sociedad, pues nacemos sin poseer nada, y un hombre podría mantenerse en la no-posesión jurídica a lo largo de toda su vida, en un plano teórico.

Consecuentemente, la vida no es sólo un Bien Jurídico Protegido sino más allá, es la piedra angular del ordenamiento jurídico conteniendo un valor ético sin precedentes que lleva a la necesaria protección de la vida, tanto a nivel jurídico como filosófico, en sus tres aspectos: Derecho objetivo, derecho subjetivo y hecho jurídico necesario y relevante.

Bibliografía

ABREU, J.L. y BADII M.H., "La conciencia cuántica como enfoque de estudio de la ética y de las ciencias sociales: Una nueva propuesta de investigación científica para las universidades", *International Journal of Good Conscience*. Vol. 2 (2007). Núm. 2, pp. 21-25.

ALEXY, R.. "Una defensa de la fórmula de Radbruch". *Anuario da Facultade de Dereito*. Universidade da Coruña, (2001), núm. 5, pp. 75-95

ALTARES, G. *La orangutana Sandra y otras "personas no humanas". Causas judiciales en varios países abren una nueva vía en el reconocimiento de los derechos de los animales*. Diario El País [Madrid] (18 de diciembre de 2015)

ARISTÓTELES, *Ética de Nicómaco, Lib V*

ARISTÓTELES, *De Anima, Libro II, Cap. I*, 10-15

ARISTÓTELES, *De Anima, Libro II, Cap. II*, 413b 25-48

ARISTÓTELES, *De Anima. Libro III, Cap. I*, 425a

ARISTÓTELES, *De Anima. Libro III, Cap. III*, 428b

ARISTÓTELES, *De Anima. Libro III, Cap. VII*, 131a

ARISTÓTELES, *De Anima. Libro III, Cap. III*, 427b

ARISTÓTELES. *Política*, Gredos, 1998, pp. 46-47, ISBN: 9788424912833

ARAYA, V., ALFARO, M., ANDONEGUI, M.. "Constructivismo: orígenes y perspectivas". *Laurus*, vol. 13 (2007), núm. 24, p. 77 y 83.

ATIENZA, "M. Marx y los Derechos Humanos". *Cuadernos de la Facultad de Derecho*, UIB, Vol. 1 (1982), p 17

BÁRTOLI, M. *Antropología filosófica*. Universitat Abat Oliba CEU, 2014.

Beecher, H.K., Adams, R., Barger, A.C. y Curran, W., "A definition of irreversible coma: report of the Ad Hoc Committee of the Harvard Medical School to examine the definition of brain death", *JAMA*, 1968, 205 (6), 337-340. DOI:10.1001/jama.1968.03140320031009

BOECIO, *De Duadibus Naturis*

BONILLA SAUS, J. "LA LEY NATURAL EN LOCKE: The Law of Nature in Locke." *Rev. Urug. Cienc. Polít.*, vol. 20 (2011), no.1, p.147-164. ISSN 1688-499X

CARLSON, B.M. *Embriología humana y biología del desarrollo.* Elsevier España, 1999 pp. 2. ISBN: 9788481744712.

CICERÓN, *De Legibus. Libro I, Cap.* XVII, 46

CICERÓN, *De Legibus. Libro I, Cap. XI,* 31

Constitución de la URSS

CONTRERAS LÓPEZ, R. *Breve reseña de la teoría del acto jurídico y el impacto de la teoría de la inexistencia y nulidades según Bonnecase* [En línea]. Centro de Estudios Superiores en materia de Derecho Fiscal y Administrativo, TFJA. <http://cesmdfa.tfja.gob.mx/investigaciones/historico/pdf/breverese%C3%B1adelateoriadelactojuridica.pdf> [Consulta: 1 marzo 2018] .

CREPALDI, G. "La inquietante perspectiva abierta por la ideología de género." *Boletín de Doctrina Social de la Iglesia*, año 8, n° 17, pp. 3-4

CRUZ-COKE, R. "Fundamentos genéticos del comienzo de la vida humana". Revista Chilena de Pediatría, vol. 51, núm. 2, 1980, p. 121-124.

DAROS, W. R., *Contrato Social y la Libertad individual según Locke*, [En línea] COCINET, 2009, p. 16. <https://williamdaros.files.wordpress.com/2009/08/w-r-daros-contrato-social-y-libertad-indivual-en-locke.pdf> [Consulta: 3 diciembre 2017]

DE AQUINO, STO. TOMÁS. *Summa Theologiae.*

Declaración de la Comisión Central de deontología sobre el significado de la expresión "eutanasia pasiva", 22 de mayo de 1993.

DE JORGE, J.. Los bebés tienen sentido de la justicia con 15 meses. [En línea] ABC, 2011 <http://www.abc.es/20111010/ciencia/abci-bebes-tienen-sentido-justicia-201110101116.html> [Consulta: 10 febrero 2018]

DESCARTES, RENÉ. Discurso del Método, III parte, párrafo quinto.

Diccionario de la Lengua Española, RAE

DREYFUS, H. *The 50 most influential living philosophers*. [En línea]. The Best Schools, 2017 <https://thebestschools.org/features/most-influential-living-philosophers/> [Consulta: 7 febrero 2018]

DURKHEIM, E. *Suicide*. New York: The Free Press, p. 327. ISBN: 9781607966425

ESCUDERO, D., "Diagnóstico de muerte encefálica", *Medicina Intensiva*, vol. 33 (2009), N° 4, pp. 185-195.

FERRATER MORA, J. *Diccionario de Filosofía (Estoicismo, Cataléptico)*. Barcelona: Alianza Editorial, 1984. ISBN 84-206-5202-4

GIUBILINI, A.; MINERVA, F., "After-birth abortion: why should the baby live?" (en inglés), *Journal of Medical Ethics*, Vol. 39 (2013), pp. 261-263

GREGG, B. *Human rights as social construction*. Cambridge University Press, 2012. p. 3 y 4. ISBN: 9781139221368.

GROCIO, H. *Del derecho de la guerra y de la paz*, Editorial Reus, 1925, p. 72 y 78

GROCIO, H. *De duadibus naturis*

HART, H.L.A. "Positivism and the Separation of Law and Morals" (en inglés), *Harvard Law Review*, Vol. 71 (1958), No. 4, pp. 593-629

HUME, D. *Tratado de la naturaleza humana* [En línea]. Biblioteca de Autores Clásicos. Libros en la red, 2011, pp. 17, 337, 335 y 336.
<https://www.dipualba.es/publicaciones/LibrosPapel/LibrosRed/Clasicos/Libros/Hume.pm65.pdf> [Consulta: 1 enero 2018]

HOBBES, T. *Leviatán*, Cap. XV

ISORNI, M.E. "Los conceptos de hombre y trabajo en Karl Marx y Jean Paul Sartre". *Revista Cifra*, Universidad Nacional de Santiago del Estero, núm. 6, p.59

JAMES FITJAMES, S. *A History of the Criminal Law of England (en ingles)*. Cambridge University Press, 2014, ISBN: 9781108060745

KANT,I. *Crítica de la Razón pura*. Editorial Taurus, 2005. p. 28. ISBN: 9788430605941

KANT, I. *Fundamentación de la metafísica de las costumbres*, Espasa Calpe, 2003. Cap. II, ISBN: 9788474906943

KANT, I, *Fundamentación de la metafísica de las costumbres*, Cap. VI; 211; Traducción de A. Cortina y J. Conill, Madrid, Tecnos, p. 13, ISBN: 9788430943296

KANT, I, *Fundamentación de la metafísica de las costumbres*, Santillana, Madrid, 1996 pp. 50-51. ISBN: 9788429450101

KANT, I.: *Gesammelte Schriften, IV*, De Gruyter , 1978, p. 397; p. 59-60, ISBN: 9783110067866 (en alemán)

KELSEN, H. *Teoría pura del Derecho*, Universidad Nacional Autónoma de México, 1982, pp. 38-44, 232-239, 205-206, 247 y 254-258. ISBN: 9685800324

KENNETH, H.N.; CONRAD, P.G. "Life: past, present and future", *Philosophical Transactions of the Royal Society B*, Vol. 354, No. 1392, pp. 1923-1939, DOI: 10.1098/rstb.1999.0532.

LANDART, P. *Finding Ancient Rome: Walks in the city*, (ebook) p. 54

LANGMAN, T.W. *Embriología Médica*. Editorial Panamericana, 1999, p. 3. ISBN: 8479032650

LOCKE, J. *Dos ensayos sobre el gobierno civil*, Madrid, Planeta-Agostini, 1996,. Segundo ensayo, Cap. XVI, 190, p. 343; *Cap. IV, 23*, p. 220. ISBN 84-395-4538-X

MARTÍ, G. "Sustancia individual de naturaleza racional: el principio personificador y la índole del alma separada". *Revista Metafísica y persona*, núm. 1 (2017), Universidad de Málaga, p. 11

MARTÍNEZ GARCÍA, J.F. *El Hombre, ¿azar o diseño?*, Palibrio, 2012, ISBN: 9781463327088

MARX, K. *La cuestión judía*, en K. Man-A. Ruge, Los Anales franco-alemanes, Martínez Roca, Barcelona, 1970, p. 241

MARX, K y ENGELS, F., *El Manifiesto comunista*, Prólogo a la edición alemana de 1872

MATURANA, H y VARELA, F. *De Máquinas y Seres Vivos: Una teoría sobre la organización biológica*. Editorial Universitaria, 1972, ISBN: 9789561118140

MOMMSEN, T. *Derecho Penal Romano*, Editorial Temis, 1999, pp. 388-397, ISBN 9788482725048

MOORE, K. L.; PERSAUD, T.V.N. *Embriología clínica*. Ed. Interamericana – Mc Graw-Hill, 2004, p. 1. ISBN: 9788481747256.

MIQUEL, J. *Derecho Privado Romano*, Marcial Pons, 1992, pp. 39-40, 54 y 374-375, ISBN: 84-7248-141-7

MUÑOZ OSORIO, LAURA V., "Sobre la Teoría pura del Derecho y la verdadera Pirámide planteada por Hans Kelsen", *Biblioteca Jurídica Virtual del Instituto de Investigaciones Jurídicas de la UNAM*, núm. 256, p. 173-187

NAVARRO, F. A., *El confuso 'preembrión'* [En línea]. Laboratorio del Lenguaje, 2006. <http://medicablogs.diariomedico.com/laboratorio/2006/09/13/el-poder-del-lenguaje-el-confuso-preembrion/> [Consulta: 20 febrero 2018]

NEELEMAN, J., "Suicide as a crime in the UK: legal history, international comparisons and present implications". *Acta Psychiatr Scandinava*, 1996 Oct; DOI: 10.1111/j.1600-0447.1996.tb09857.x

NICHOLSON, F.J. "Juridical positivism and human rights by Mieczyslaw Maneli", *Boston College International and Comparative Law Review*, Vol. 5 (1982), p. 4

PACHECO, M. "La Teoría Marxista del Estado y del Derecho". *Anales de la Facultad de Ciencias Jurídicas y Sociales* (Universidad de Chile), Vol. 10 (1970), núm. 10.

PEÑA, S. *El rompecabezas*, Editorial Verbum, 2017, p. 176, ISBN: 9788490745977

PLATÓN. *De Legibus, Lib IX.*

PLATÓN. *De Res publica, VII-I*

RAMÍREZ ECHEVERRI, J. D. *Thomas Hobbes y el Estado absoluto: del Estado de razón al Estado de terror.* Universidad de Antioquia, Facultad de Derecho y Ciencias Políticas, 2010, p.12.

REYES, M. "La fórmula de Radbruch: Una cuestión de iusnaturalismo". *Nuevos Paradigmas de las Ciencias Sociales Latinoamericanas.* vol. VII (2016), n.º 13, , pp. 7 a 26

REYES VILLAREAL, M. *La respuesta está en el viento.* Palibrio LLC, 2013, p.85 ISBN 978-1-4633-6165-5

RÍOS, A. *El Nasciturus de la Antigua Roma a la realidad venezolana.*

ROMÁN MAESTRE, B. "El concepto vida en la ética kantiana: algunas consecuencias para la bioética". *LOGOS. Anales del Seminario de Metafísica*, Vol. 40 (2007), p. 83

SALETAN, W., *After-Birth Abortion, The pro-choice case for infanticide.* Slate, 2012
<http://www.slate.com/articles/health_and_science/human_nature/2012/03/after_birth_abortion_the_pro_choice_case_for_infanticide_.html?via=gdpr-consent>
[Consulta: 10 marzo 2018]

SHESTACK, J., "The philosophic foundations of human rights" (en inglés), *Human Rights Quarterly*, Vol. 20 (1988), Núm. 2, pp. 201-234

SCHRÖDINGER, E. *Die gegenwärtige Situation in der Quantenmechanik* [La situación actual en la mecánica cuántica, en alemán]. Naturwissenschaften, 1935

SILVERMAN, M. P. *Quantum Superposition: Counterintuitive Consequences of Coherence, Entanglement, and Interference.* The Frontiers Collection (en inglés). Springer, 2008. p. 379. ISBN: 9783540718833.

SINGER, P. *Practical ethics.* Cambridge University Press (en inglés), 1979, p.11, ISBN: 0521229200.

SINGER, P., "Abortion", (en inglés) Ted Honderich (ed.), *The Oxford Companion to Philosophy*, Oxford, 1995, pp. 2-3

SINGER, P., "Taking life: humans, Cap. Justifying infanticide and non-voluntary euthanasia" (en inglés) *Practical Ethics*, 2nd edition, Cambridge, 1993, pp. 175-217

The Penguin Dictionary of Physics, ed. Valerie Illingworth, 1991, Penguin Books, Londres.   ISBN: 9780140514599

VILLEY, M. *Filosofía del Derecho*. Scire Universitaria, 2003, p. 70, 91, ISBN: 8493323101

VON FRITZ, K; REV. MAURER, A; LEVI, A W.; STROLL, A; WOLIN, R (2009). Western *philosophy*. [En línea] Encyclopædia Britannica Online (en inglés), 2017. <https://www.britannica.com/topic/Western-philosophyhttps://www.britannica.com/topic/Western-philosophy>   [Consulta: 3 febrero 2018]

WENDT, A. *Quantum Mind and Social Science. Unifying Physical and Social Ontology* (en inglés), Cambridge University Press, 2015. ISBN: 9781316005163.

WOJTYLA, K, *Amor y responsabilidad*, Razón y Fe, Madrid, 1980, pp. 37-38. ISBN: 9788490614822

YURRE, G.R. "La Teoría General del Derecho en el Marxismo". *Persona y Derecho*, Vol. 14 (1986), pp. 13-86

www.ingramcontent.com/pod-product-compliance
Lightning Source LLC
Chambersburg PA
CBHW030643220526
45463CB00004B/1618